Stein/Schultz

Wetterkunde
Für Segler und Motorbootfahrer

Walter Stein
Harald Schultz

Wetterkunde

Für Segler und Motorbootfahrer

Klasing & Co GmbH

Von Walter Stein erschienen
im Verlag Klasing & Co GmbH darüber hinaus folgende Titel:
Das kleine Sternenbuch (Nr. 1 der Yacht-Bücherei)
Stein/Kumm: *Astronomische Navigation* (Nr. 88)
Stein/Kumm: *Navigation leicht gemacht* (Nr. 91)

Die Deutsche Bibliothek – CIP-Einheitsaufnahme

Stein, Walter:
Wetterkunde für Segler und Motorbootfahrer/Walter Stein;
Harald Schultz. – 13. Aufl. – Bielefeld: Klasing, 1995
(Yacht-Bücherei; Bd. 8)
ISBN 3-87412-116-X
NE: Schultz, Harald; GT

13., überarbeitete und aktualisierte Auflage
ISBN 3-87412-116-X

Titelfoto: Deutsche Forschungsanstalt
für Luft- und Raumfahrt, Oberpfaffenhofen
Abb. 56: aus „Surveyor“, American Bureau of Shipping
Abb. 91: Andreas Schultz
Abb. 92 und 102: mit freundlicher Genehmigung des BSH, Hamburg
Wiedergabe der Wetterkarten mit freundlicher Genehmigung
des DWD, Offenbach
Zeichnungen: Harald Schultz/Hans-Georg Berkau
Einbandentwurf: Siegfried Berning
Druck: Kunst- und Werbedruck, Bad Oeynhausen
Printed in Germany 1995

Inhaltsverzeichnis

Welche Informationen bekomme ich über das Wetter?
– Der Wetterdienst –

Wie beschreibe ich das Wetter?
Grundbegriffe

Die Atmosphäre

Wer hat auf seinen Fahrten die Schönheiten, aber auch die Launen des Wetters nicht schon erlebt. Die sehr persönlichen Eindrücke können natürlich nicht durch nüchterne Grundbegriffe beschrieben werden, auch wenn sie notwendig sind. Beginnen wir also etwas trocken mit der Lufthülle der Erde.

Die Lufthülle, die unsere Erdkugel umgibt, wird *Atmosphäre* genannt. Würde man von der Erdoberfläche aus senkrecht bis an eine äußere obere Grenze aufsteigen und fortlaufend die Temperatur messen, dann ließen sich mehrere Luftschichten feststellen, in denen die Temperatur entweder zunimmt, abnimmt oder gleich bleibt.

Die unterste Luftschicht wird *Troposphäre* genannt. In ihr spielen sich alle für uns wesentlichen Wettervorgänge ab. Darüber liegt die *Stratosphäre.* Zwischen beiden befindet sich eine Übergangsschicht: die *Tropopause* (Abbildung 1, Seite 10).

Die Temperatur nimmt in der *Troposphäre* vom Erdboden ausgehend fortlaufend ab. In der Tropopause bleibt sie nahezu konstant und steigt dann in der Stratosphäre wieder an. Ähnliche Wechsel, allerdings mit anderen Temperaturen, finden in den weiteren Schichten der hohen Atmosphäre statt.

Für unser Wetter mit all seinen vielfältigen Erscheinungsformen ist die Troposphäre entscheidend, in der die Temperatur der Luft von der unterschiedlich aufgeheizten Erdoberfläche abhängt, in der daher die verschiedenen auf- und absteigenden Luftströmungen entstehen, die unser „Wetter“ hervorrufen. Diese Schicht ist über den Polen aber nur 8 bis

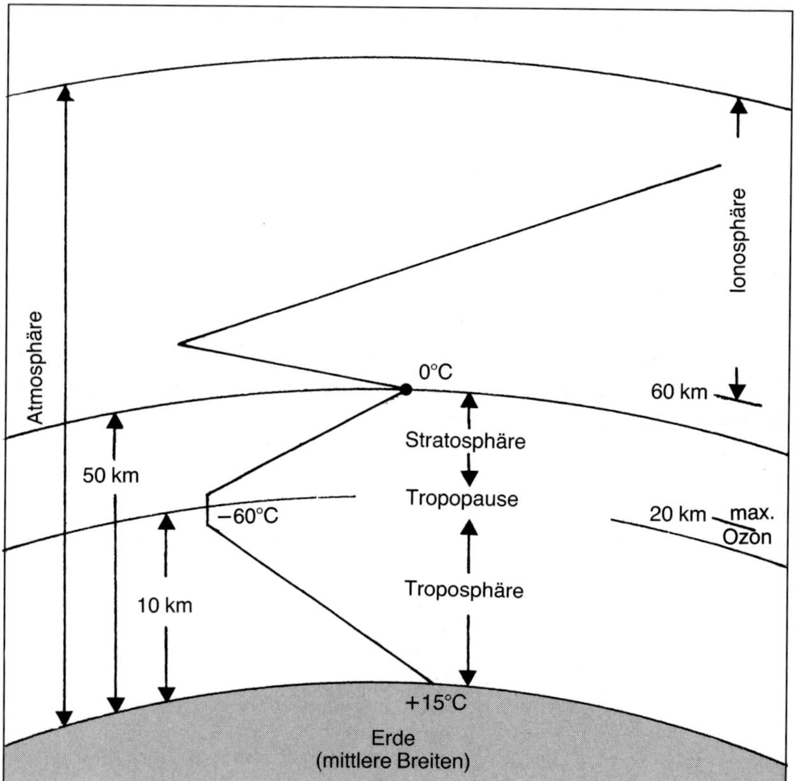

1 *Die Atmosphäre*

10 km, in den Tropen 16 bis 17 km, bei uns 10 bis 12 km hoch. An der oberen Grenze dieser Schicht ist es in unseren Breiten schon –50 °C bis –60 °C kalt. Diese Schicht enthält über drei Viertel der gesamten Luftmasse unserer Erde, da die Dichte der Luft mit der Höhe rasch abnimmt. Sie enthält auch fast den gesamten Wasserdampf der Lufthülle.
Die Lufttemperatur nimmt mit der Höhe ab: etwa 6,5 °C auf 1 km. Der

Luftdruck beträgt an der Grenze der Troposphäre noch etwa 225 Hektopascal (hPa).

Die Luft in der Troposphäre setzt sich wie folgt zusammen:

78 % Stickstoff
21 % Sauerstoff
1 % Kohlendioxid, Wasserstoff, Ozon und Edelgasen (Neon, Argon, Helium)
0,1–4 % Wasserdampf

Der an sich kleine Anteil von Wasserdampf ist für das Leben auf der Erde wichtig. Er schwankt regional. In polaren Regionen ist er sehr viel kleiner als über den Ozeanen.

Außerdem gibt es in der Luft noch kleinste andere Teilchen. Hierunter fallen auch die von der Meeresoberfläche in die Luft gelangten Aerosole, die das Heilklima an der See prägen.

Der Luftdruck

Über jedem Ort der Erde lagert also eine hohe Luftsäule, die bis an die Grenze der Atmosphäre reicht.

Die Messungen *Torricellis* im Jahre 1643 ergaben, daß diese Luftsäule

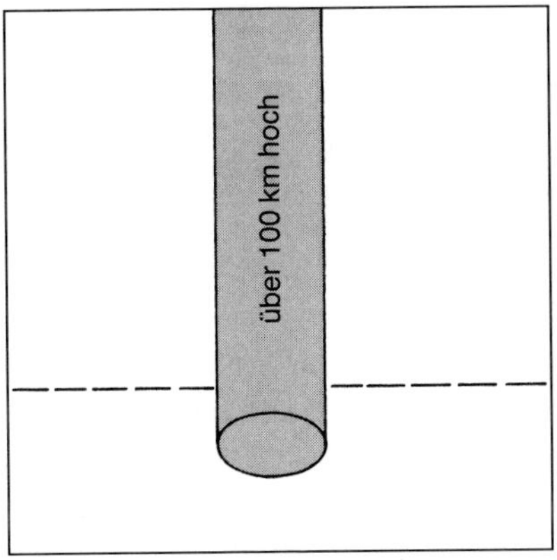

2 *Eine über 100 km hohe Luftsäule drückt auf uns*

auf jeden Quadratzentimeter der Erdoberfläche eine Kraft entsprechend der von einem Kilogramm ausübt (Abbildung 2).
Torricelli maß den Luftdruck dadurch, daß er feststellte, einer wie hohen Quecksilbersäule die Luft das Gleichgewicht halten kann (Abbildung 3).

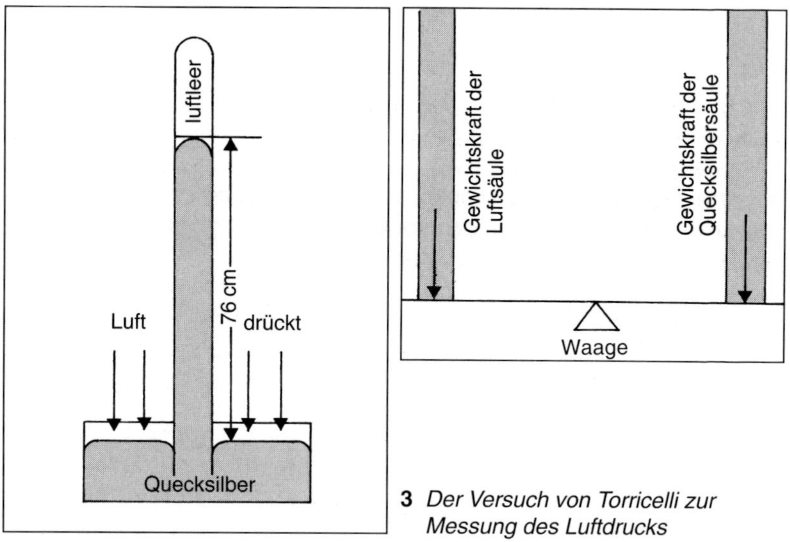

3 *Der Versuch von Torricelli zur Messung des Luftdrucks*

Es liegt nun nahe, die Länge der Quecksilbersäule (QS) in Millimeter (mm) als Druckangabe zu benutzen. Darauf gründen sich die Einheiten 1 mm QS = 1 mm Hg = 1 Torr.
Hg = chemisches Zeichen für Quecksilber
Torr = Einheit zu Ehren von Torricelli
Auf diesem Meßprinzip baut das Marinebarometer auf. Wir finden obige Druckeinheiten auch noch als zugelassene Einheit in der Medizin und auf vielen echten und nachgebauten antiquarischen Barometern.
Nur über einen kleinen Ausflug in die Physik werden die neuen Druckeinheiten verständlich:

Der Druck (p) ist definiert als die Kraft (F) geteilt durch die Fläche (A), auf die die Kraft senkrecht (normal: N) wirkt:

$$p = \frac{F_N}{A}$$

Im heutigen Maßsystem wird die Kraft in Newton (N), die Fläche in Quadratmetern (m^2) und der Druck in Pascal (Pa) angegeben.
Mit etwas Phantasie läßt sich auf Abbildung 4 die Größe 1 Pascal erkennen. Die Masse von 102 Gramm bewirkt durch die Erdanziehung eine Kraft von 1 Newton. Verteilt sich dieses Newton auf eine Fläche von einem Quadratmeter, so entsteht der Druck von 1 Pascal.
Auf diese Weise erzeugt die Luftsäule in Meereshöhe unter normalen Bedingungen einen Druck von 1013,2 Hektopascal (Hekto = h = 100) oder:
1013,2 hPa = 760 mmHg

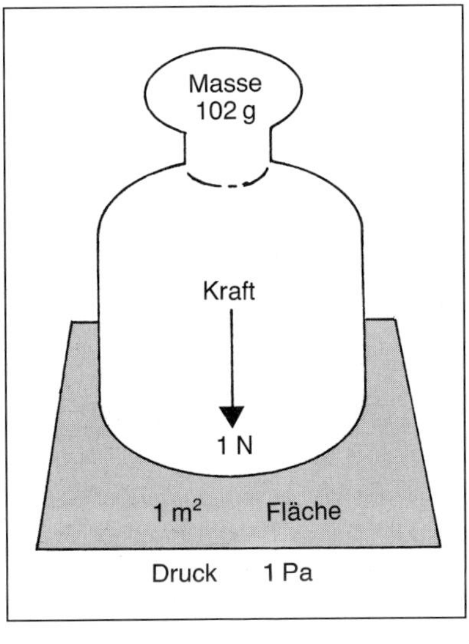

4 *Bildliche Darstellung von 1 Pascal*

Weltweit hat sich das Hektopascal bisher nicht durchgesetzt. Wir finden in den meisten Ländern das Millibar (Milli = m = eintausendstel), wobei die Druckeinheit 1 bar = 100 000 Pa ist.
Zum Glück kann man das Hektopascal direkt durch das Millibar ersetzen, denn es gilt:
1 hPa = 1 mbar beziehungsweise 1013,2 hPa = 1013,2 mbar

Für obige Einheitsgleichung gibt es eine einfache Umrechnung:
1 mmHg = $^4/_3$ hPa = $^4/_3$ mbar
1 hPa = 1 mbar = $^3/_4$ mmHg

Meist ist auch nachfolgende vereinfachte Tafel ausreichend:

Hektopascal	*Millimeter*	*Inches*
	Quecksilbersäule	
980	735	28,94
985	739	29,09
990	742,5	29,24
995	746	29,38
1000	750	29,53
1005	754	29,67
1010	757	29,83
1015	761,5	29,97
1020	765	30,12
1025	769	30,27
1030	772,5	30,42
1035	776	30,56
1040	780	30,71
		Zwischenwerte einschalten!

Nahe der Erdoberfläche nimmt der Druck mit der Höhe ab, und zwar je 8 m um 1 hPa. In einer Höhe von ungefähr 5400 m beträgt der Luftdruck 500 hPa. Dies ist das Niveau für eine wichtige Höhenwetterkarte (siehe Seite 134).

Isobaren

Um die Luftdruckverteilung auf der Erde besser übersehen zu können, verbindet man in den Wetterkarten alle Orte gleichen Luftdrucks durch Linien, die *Isobaren* heißen.
Ein Gebiet, um das sich Isobaren schließen, so daß nach allen Seiten hin tieferer Luftdruck herrscht, nennen wir ein *Hochdruckgebiet* (Abbildung 5), kurz Hoch (H). Nimmt der Druck nach allen Seiten zu, ist es ein *Tiefdruckgebiet* (Abbildung 6), kurz Tief (T).

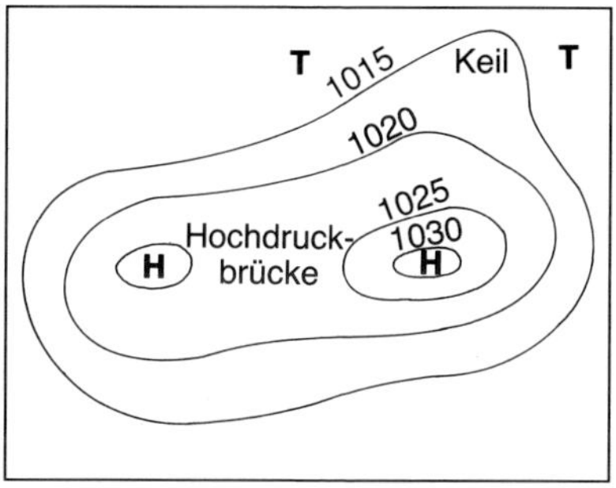

5 *Hochdruckgebiet mit Keil*

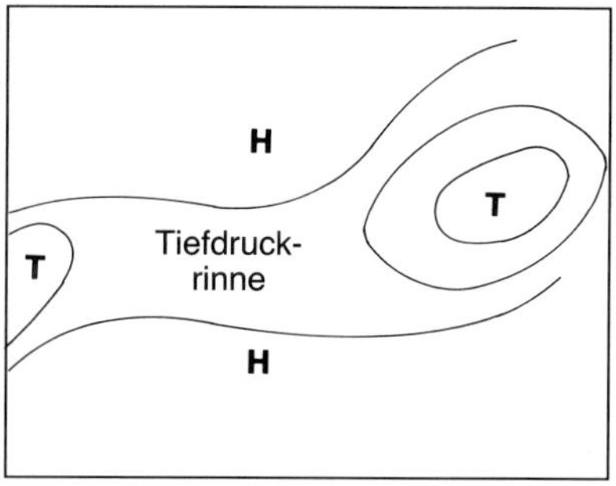

6 *Tiefdruckgebiet mit Rinne*

Aus den Wetterkarten ist ersichtlich, daß ein Hoch einen *Rücken* haben kann oder auch nur einen *Keil,* der sich zwischen zwei Tiefdruckgebiete schiebt. Entsprechend kann ein Tief sich mit einer *Rinne* oder einer *Furche* zwischen zwei Hochdruckgebiete einschieben (Abbildung 6). Eventuell ist ein *Sattel* vorhanden (Abbildung 7), eine Stelle, von der der Druck nach zwei entgegengesetzten Richtungen hin steigt, während er in den senkrecht dazu gelegenen Richtungen abfällt.
Man suche derartige Stellen in den Wetterkarten auf, um mit der Terminologie der Wetterberichte vertraut zu werden.
In den Bodenwetterkarten werden die Isobaren meistens von 5 zu 5 hPa gezeichnet. An den Abständen dieser Isobaren erkennt man dann sehr

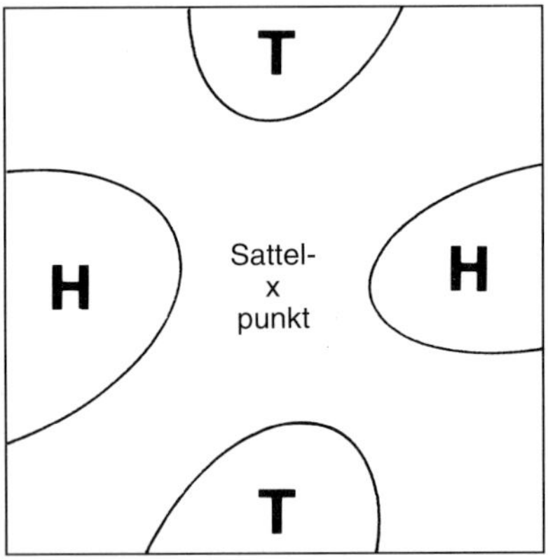

7 *Sattel*

8 *Bestimmen des Gradienten*

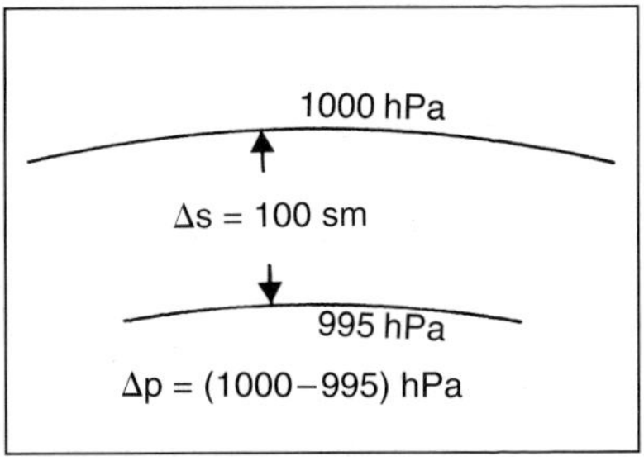

deutlich die Stärke des Druckgefälles. Folgen die Isobaren dicht gedrängt aufeinander, ist das Druckgefälle groß, und der zu erwartende Wind wird stark sein. Liegen die Isobaren weit auseinander, ist das Gefälle klein, es werden nur leichte Winde zu erwarten sein.
Dieses Luftdruckgefälle Δp längs einer horizontalen Strecke Δs wird *horizontaler Luftdruckgradient* $\Delta p/\Delta s$ genannt. Ein Beispiel zur Berechnung des Gradienten zeigt Abbildung 8:

$$\frac{\Delta p}{\Delta s} = \frac{5\ \text{hPa}}{100\ \text{sm}}$$

Der horizontale Luftdruckgradient taucht wieder auf beim *geostrophischen* Wind und im Abschnitt „Welche Windstärken können eintreten?“ (Seite 84). Da in einem Punkt keine zwei verschiedenen Luftdrücke gemessen werden können, schneiden sich die Isobaren niemals.

Die Temperatur der Luft

Wollen wir das Wetter um uns verstehen, müssen wir nähere Angaben über die Eigenschaften der Luftmassen haben, von denen wir umgeben sind. Vor allem müssen wir wissen, wie warm sie sind und wieviel Feuchte sie enthalten.
Den Wärmezustand, die *Temperatur* der Luft, messen wir mit dem *Thermometer.* Es besteht aus einem engen, oben geschlossenen Glasrohr, an das unten eine Kugel angeschmolzen ist. Die Kugel und ein Teil des Rohres sind mit Quecksilber gefüllt, über dem Quecksilber ist ein luftleerer Raum. Mit zunehmender Temperatur dehnt sich Quecksilber gleichmäßig aus. Steckt man das Thermometer in eine Mischung von schmelzendem Eis und Wasser, so geht das Quecksilber herunter auf eine Marke, die wir auf dem neben dem Rohr angebrachten Maßstab mit 0 bezeichnen (Gefrierpunkt des Wassers). Taucht man es in kochendes Wasser, so steigt es auf eine zweite Marke, die wir mit 100 benennen (Siedepunkt des Wassers). Der Zwischenraum wird in 100 gleiche Teile geteilt, die *Grade* (z. B. 12 Grad = 12°). Um sicher zu sein, daß es sich

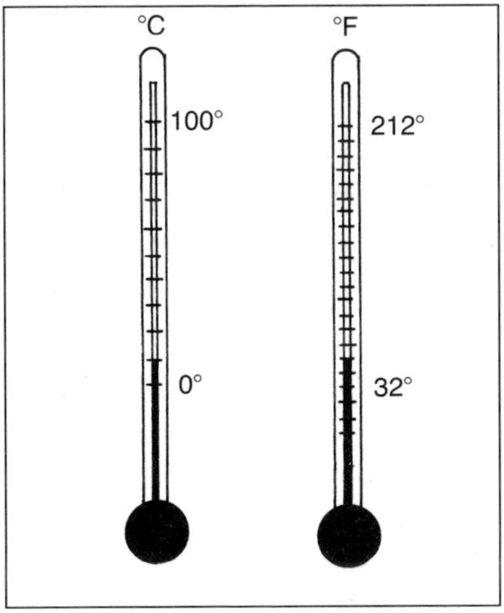

9 *Thermometer-Teilungen*

um diese Art von Teilung handelt, achten wir auf den Buchstaben über der Teilung (Abbildung 9). Steht dort ein C, so ist das Thermometer nach *Celsius* eingeteilt, und der Gefrierpunkt des Wassers liegt bei 0 °C, der Siedepunkt bei 100 °C.
Bei Temperaturangaben in *Fahrenheit* (wie beispielsweise in den USA) liegt der Gefrierpunkt des Wassers bei 32 °F, der Siedepunkt bei 212 °F. Der Raum zwischen diesen beiden Fixpunkten ist demnach nicht in 100 wie bei der Celsiusteilung, sondern in 180 Grade eingeteilt.
Für die Umrechnung kann man folgende Tabelle heranziehen:

°C	°F	Formel
– 10	+ 14	
– 8	+ 17,5	
– 6	+ 21	
– 4	+ 25	
– 2	+ 28,5	
– 0	+ 32	°F in °C
+ 2	+ 35,5	
+ 4	+ 39	$x\ °F = (x-32) \cdot \frac{5}{9}\ °C$
+ 6	+ 43	
+ 8	+ 46,5	
+ 10	+ 50	°C in °F
+ 12	+ 53,5	
+ 14	+ 57	$x\ °C = (32+\frac{9}{5} \cdot x)\ °F$
+ 16	+ 61	
+ 18	+ 64,5	
+ 20	+ 68	
+ 22	+ 71,5	
+ 24	+ 75	
+ 26	+ 79	
+ 28	+ 82,5	
+ 30	+ 86	

Die Lufttemperatur wird je nach Jahreszeit sehr verschieden empfunden. So erscheinen 10 °C im Winter als sehr mild, im Sommer aber als sehr kühl. Diesem Gefühl trägt der Wetterbericht mit folgenden Begriffen und zugeordneten Temperaturspannen Rechnung:

	Höchsttemperatur (Grad Celsius)			
	Dez.–Febr.	März–Nov.	April+Okt.	Mai–Sept.
kalt	< 0	< 2	< 4	< 8
ziemlich kalt	0 – 2	2 – 6	4 – 6	–
sehr kühl	–	–	–	9 – 13
kühl	–	–	6 – 10	13 – 17
normal	~ 3	6 – 10	10 – 12	–
mild	3 – 8	8 – 12	12 – 16	–
sehr mild	8 – 12	12 – 16	16 – 20	–
ungewöhnl. mild	> 12	–	–	–
mäßig warm	–	–	–	17 – 21
warm	–	> 16	> 20	21 – 25
sehr warm	–	–	–	25 – 28
heiß	–	–	–	> 28

Die Feuchtigkeit der Luft

Wir wissen, wie unterschiedlich Festlandsluft oder Meeresluft auf den Menschen wirkt. Die Luftmassen unterscheiden sich außer in der Temperatur durch ihren Feuchtigkeitsgehalt. Für das Wetter und seine Weiterentwicklung ist es von entscheidender Bedeutung, wie feucht die uns umgebende Luft ist.

Die Luft unserer Atmosphäre enthält Wasser in gasförmigem Zustand, *Wasserdampf.* Wir können Wasserdampf nicht sehen und auch nicht schmecken, er ist unsichtbar und geruchlos. Aber wir können ihn trotzdem feststellen, indem wir die Wasserdampf enthaltende Luft über eine

wasserziehende (hygroskopische) Substanz leiten und die Gewichtszunahme des Salzes messen.
In einem Kubikmeter Luft befinden sich immerhin etliche Gramm! Die Anzahl Gramm Wasserdampf, die in einem Kubikmeter Luft enthalten ist, nennt man *absolute Feuchte.*
Der Wasserdampfgehalt der Luft läßt sich nicht beliebig steigern. Bei einer bestimmten Temperatur kann Luft nur einen bestimmten Höchstwert von Feuchte aufnehmen. Der Raum ist dann mit Feuchtigkeit *gesättigt.* Bringt man noch mehr Wasserdampf hinein, schlägt er sich als Wasser nieder, er *kondensiert.* Dieser Höchstwert, die *Sättigungsfeuchte,* hängt von der Temperatur ab. Je wärmer die Luft ist, desto mehr Feuchte kann sie aufnehmen, das heißt, desto höher liegt die Sättigungsfeuchte.

1 m^3 Luft von	0°C	kann höchstens	4,8 g	Wasser aufnehmen.
	10°C		9,4 g	
	20°C		17,3 g	
	30°C		30,4 g	

Für die Beurteilung einer Luftmasse bei Lebensvorgängen ist die absolute Feuchte gar nicht so aufschlußreich. 4,8 g im Kubikmeter sind bei 0 °C sehr viel, fast die Sättigungsfeuchte, bei 30 °C aber so gut wie nichts!
Daher geben wir zweckmäßig das Verhältnis der vorhandenen absoluten Feuchte zur bei der Temperatur größtmöglichen, der Sättigungsfeuchte, an. Dieses Verhältnis, in Prozenten ausgedrückt, nennen wir *relative Feuchte.*
Enthält Luft von 30 °C zum Beispiel 15 g Wasserdampf im Kubikmeter, ist die

$$\text{relative Feuchte} = \frac{\text{absolute Feuchte}}{\text{Sättigungsfeuchte}} \cdot 100 = \frac{15 \cdot 100}{30{,}4} = 50\ \%.$$

Dieselbe absolute Feuchte von 15 g/m^3 würde aber bei einer Temperatur von 20 °C schon die

$$\text{relative Feuchte} = \frac{15 \cdot 100}{17{,}3} = 87\ \%$$

bedeuten. Bei 10 °C würde die Luft nur 9,4 g halten können, der Rest von 15–9,4 = 5,6 g würde als Wasser ausfallen. Es würde *Tau* geben.

Der Wind

Bestehen auf der Erde zwischen zwei Orten Luftdruckunterschiede, so gleichen sie sich aus. Die Luft versucht von dem Ort höheren Druckes zum Ort niedrigen Drucks zu strömen. Was ihr aber nicht auf direktem Wege gelingt. Diese horizontale Luftbewegung nennen wir *Wind.*
Wollen wir diesen Wind beschreiben, müssen wir *Richtung* und *Stärke* angeben.
Man gibt bei Winden die Richtung an, aus der sie kommen, und zwar in

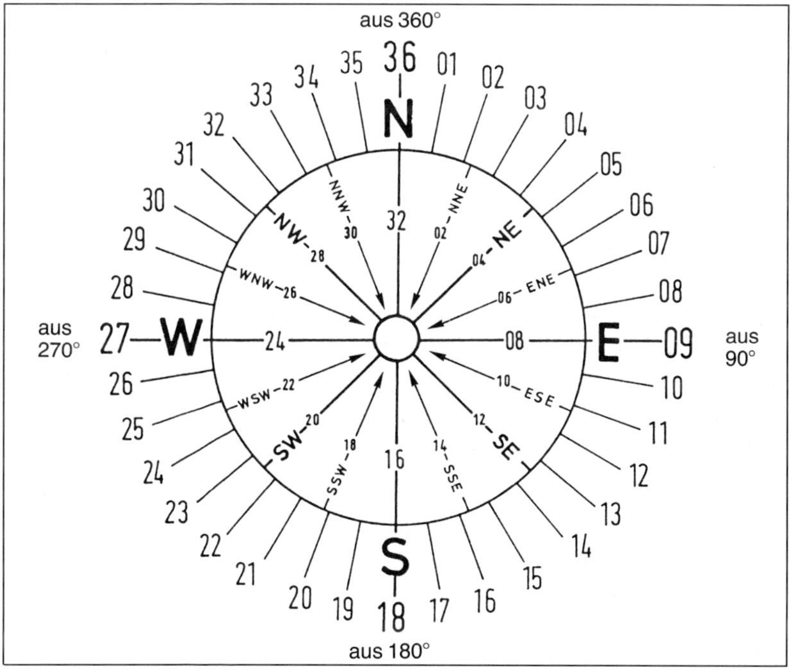

10 *Windrichtungsangaben*

Wind und Seegang

Beaufort-Skala	*Bezeichnung*	*Bezeichnung englisch (amerikanisch)*	*Windgeschwindigkeit m/s*	*kn*	*km/h*
0	Stille	calm	<0,2	<1	<1
1	leiser Zug	light air	0,3–1,5	1–3	1–5
2	leichte Brise	light breeze	1,6–3,3	4–6	6–11
3	schwache Brise	gentle breeze	3,4–5,4	7–10	12–19
4	mäßige Brise	moderate breeze	5,5–7,9	11–16	20–28
5	frische Brise	fresh breeze	8,0–10,7	17–21	29–38
6	starker Wind	strong breeze	10,8–13,8	22–27	39–49
7	steifer Wind	near (moderate) gale	13,9–17,1	28–33	50–61
8	stürmischer Wind	(fresh) gale	17,2–20,7	34–40	62–74
9	Sturm	strong gale	20,8–24,4	41–47	75–88
10	schwerer Sturm	(whole gale) storm	24,5–28,4	48–55	89–102
11	orkanartiger Sturm	violent storm	28,5–32,6	56–63	103–117
12	Orkan	hurricane	≧32,7	≧64	≧118

Bezeichnung des Seewetteramtes	*Auswirkung der Windstärke auf See*	*Beaufort-Skala*
Stille	spiegelglatte See	0
schwacher Wind	kleine, schuppenförmig aussehende Kräuselwellen ohne Schaumkämme	1
	kleine Wellen, noch kurz, aber ausgeprägter. Die Kämme sehen glasig aus und brechen sich nicht	2
	Kämme beginnen zu brechen. Schaum überwiegend glasig, ganz vereinzelt kleine weiße Schaumköpfe	3
mäßiger Wind	Wellen noch klein, werden aber länger, weiße Schaumköpfe treten ziemlich verbreitet auf	4
frischer Wind	mäßige Wellen mit ausgeprägter langer Form. Überall weiße Schaumköpfe (vereinzelt Gischt)	5
starker Wind	Bildung großer Wellen beginnt. Kämme brechen und hinterlassen größere weiße Schaumflächen; etwas Gischt	6
	See türmt sich; der beim Brechen entstehende weiße Schaum beginnt sich in Streifen in die Windrichtung zu legen	7
Sturm	mäßig hohe Wellenberge mit Kämmen von beträchtlicher Länge. Von den Kämmen beginnt Gischt abzuwehen	8
	hohe Wellenberge; dichte Schaumstreifen in Windrichtung. „Rollen“ der See beginnt. Die Gischt kann die Sicht schon beeinträchtigen	9
schwerer Sturm	sehr hohe Wellenberge mit langen, überbrechenden Kämmen. See weiß durch Schaum. Rollen der See schwer und stoßartig. Sicht durch Gischt beeinträchtigt	10
orkanartiger Sturm	außergewöhnlich hohe Wellenberge. Die Kanten der Wellenkämme werden überall zu Gischt zerblasen. Die Sicht ist herabgesetzt	11
Orkan	Luft mit Schaum und Gischt angefüllt. See vollständig weiß. Die Sicht ist sehr stark herabgesetzt; jede Fernsicht hört auf	12

der seemännischen Praxis manchmal noch in der alten Strichteilung – wie in Abbildung 10 im Inneren des Kreises (1 Strich = 11,25°, 8 Strich = 90°). Im allgemeinen wird die Vollkreisteilung von 360° benutzt. Danach ist Wind aus 90° = Wind aus Ost (East, E) = Ostwind. Ein weiteres Beispiel wäre Wind aus NW = Wind aus 315° = Nordwestwind. In der Windtafel in Abbildung 10 ist die Windrichtung in Zehnergraden (Dekagraden) angegeben, wie in den Wetterschlüsseln gebräuchlich (s. Abbildung 99).
Die Stärke des Windes, das heißt die Geschwindigkeit der Luftteilchen, kann in Meter pro Sekunde, Kilometer pro Stunde oder auch in Knoten, also Seemeilen pro Stunde, ausgedrückt werden. Das Seewetteramt gibt in den Wetterberichten die Stärke häufig in Beaufort-Graden an, wie es der seemännischen Praxis entspricht.
Die Tabelle auf Seite 22 zeigt uns, welche Windgeschwindigkeiten den 12 Beaufort-Stufen der Windstärke zuzuordnen sind. Auch die seemännischen Ausdrücke, die ihnen entsprechen, sind angegeben, in deutsch und in englisch.
Die Tabelle auf Seite 23 enthält eine Beschreibung des von dem betreffenden Wind aufgeworfenen Seegangs. Denn im allgemeinen wird man die Windstärke nach dem Seegang beurteilen und einstufen.
Die linke Tabelle endet mit Windstärke 12 und enthält die Grenzzahl 64 Knoten. Aber diese Grenzzahl kann ganz wesentlich überschritten werden! So wurden im Zentrum des Taifuns „Ida“ Windgeschwindigkeiten von mehr als 225 kn beobachtet. Der Luftdruck war unter 880 hPa gesunken!
Der WNW-Sturm, der am 16./17. Februar 1962 zur Flutkatastrophe in Hamburg führte, wehte in orkanartigen Böen, die bis zu 40 m/s = 78 kn = 144 km/h erreichten.
Die Beaufort-Skala stammt noch aus der Zeit der großen Tiefwassersegler. An Bord eines solchen Großseglers mit doppelten Marsrahen wurden bei Windstärke 5 noch Oberbramsegel, bei 7 noch Marssegel und Klüver, bei 8 gereffte Obermarssegel und Untersegel, bei 9 Untermarssegel und Untersegel, bei 10 noch Großuntermarssegel und gereffte Fock, bei 11 noch Sturmstagsegel geführt. Bei 12 trieb das Schiff vor Topp und Takel, kein Segel hielt mehr stand.

Auswirkungen des Windes an Land

Windstärke nach Beaufort	*Auswirkung*
0	Windstille, Rauch steigt gerade empor
1	Windrichtung am Zug des Rauches zu erkennen. Windfahne rührt sich nicht
2	Wind am Gesicht fühlbar, Blätter säuseln. Windfahne bewegt sich
3	Blätter und dünne Zweige bewegen sich. Wind streckt einen Wimpel
4	Wind hebt Staub und loses Papier, bewegt Zweige und dünnere Äste
5	Kleine Laubbäume beginnen zu schwanken
6	Starke Äste in Bewegung. Pfeifen in Telegraphenleitungen. Regenschirme schwierig zu halten
7	Ganze Bäume in Bewegung. Fühlbare Hemmung beim Gehen gegen den Wind
8	Wind bricht Zweige von den Bäumen. Gehen im Freien erheblich erschwert
9	Kleinere Schäden an Häusern (Dachziegel abgeworfen)
10	Bäume werden entwurzelt. Bedeutende Schäden an Häusern
11 12	Schwerste Verwüstungen

Für den Beobachter, der mit seinem Boot noch nicht ausgelaufen ist und „im sicheren Port" prüfend den angefeuchteten Finger hebt, um die Windrichtung festzustellen, sind auf Seite 25 auch die Auswirkungen des Windes an Land in einer Tabelle zusammengestellt, wonach man die Beaufort-Stufen der Windstärke feststellen kann.

Darstellung des Windes in Wetterkarten

In Wetterkarten wird der Wind an der Station (kleiner Kreis) als Pfeil angetragen, wie er auf diese Station zuweht, NW-Wind also wie folgt:

vereinfacht:

Herrscht Windstille, wird ein Kreis um den Stationskreis gezogen:

Die Windgeschwindigkeit wird durch eine *Befiederung* dargestellt. Es gibt ganze und halbe *Federn.* Wählt man Knoten als Geschwindigkeitsmaßstab, so bedeutet die ganze Feder 10 kn und die halbe 5 kn.

aus ESE
mit 25 kn

aus NW
mit 30 kn

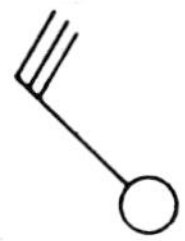

Zur Vereinfachung werden fünf Federn durch ein Windfähnchen ersetzt.

aus SSW
mit 55 kn

Auf diese Weise läßt sich weltweit jede Wetterkarte lesen.
Nun hat sich aber, wie wir bereits wissen, in der Seefahrt die Windstärke-Angabe in Beaufort als ungemein praktisch erwiesen. Aus diesem Grund gibt es auch eine Befiederung in Beaufort-Graden: Eine halbe Feder entspricht 1 Bft, eine ganze Feder 2 Bft, ein Fähnchen 10 Bft.

Nachstehende Abbildung verdeutlicht die Beziehung zwischen beiden Befiederungsarten:

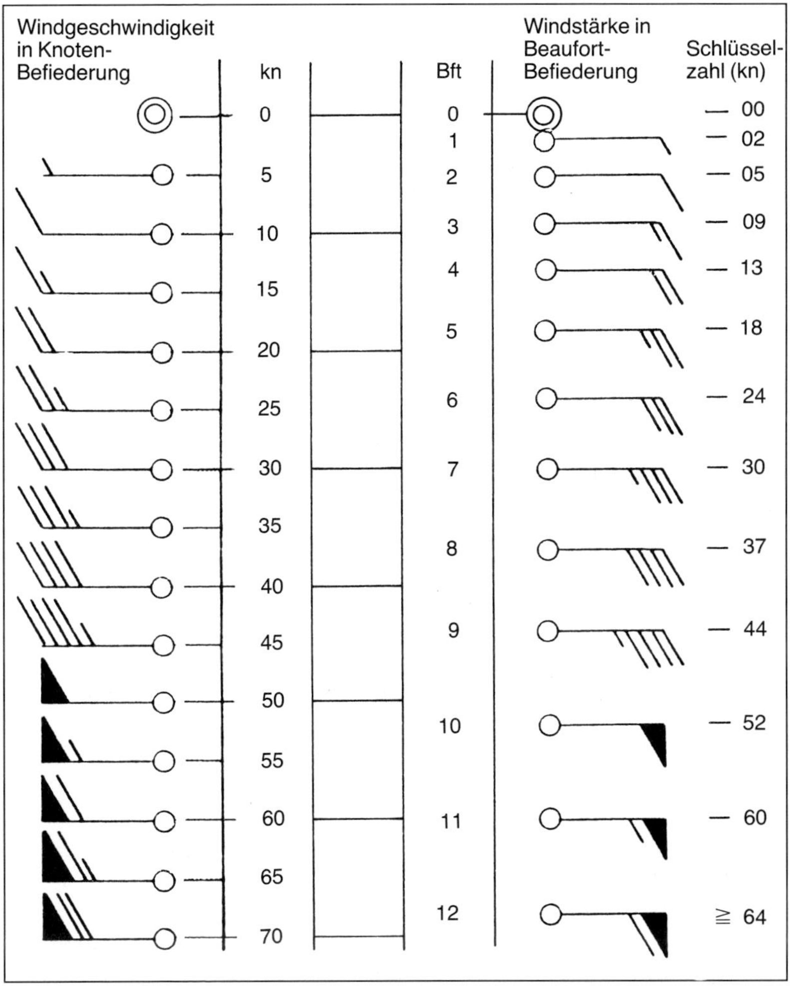

11 *Beaufort- und Knoten-Befiederung*

Scheinbarer und wahrer Wind

Die Schwierigkeit der Bestimmung von Windrichtung und Windstärke liegt darin, daß man auf dem *fahrenden* Schiff einen *gefühlten* (man sagt auch *scheinbaren*) Wind wahrnimmt, der sich aus dem *wahren* Wind, der an diesem Ort bei stilliegendem Boot wahrgenommen werden würde, und dem *Fahrtwind,* der von vorne kommt und eine der Geschwindigkeit des Schiffes entsprechende Stärke hat, *vektoriell* zusammensetzt.
Man ermittelt den wahren Wind wie in Abbildung 12 (links) angegeben. Wir steuern in diesem Falle rechtweisend 230° und laufen 6 kn. Der Fahrtwind hätte also nach der Tabelle auf Seite 22 eine Stärke von 2 Bft. Der „gefühlte" Wind kommt mit 4–6 kn (2 Bft) aus NNW.
Vollziehen wir die Abbildung 12 nach: Wir tragen im Schiff S den rechtweisenden Kurs und die Fahrt in Knoten (AS) und den gefühlten Wind

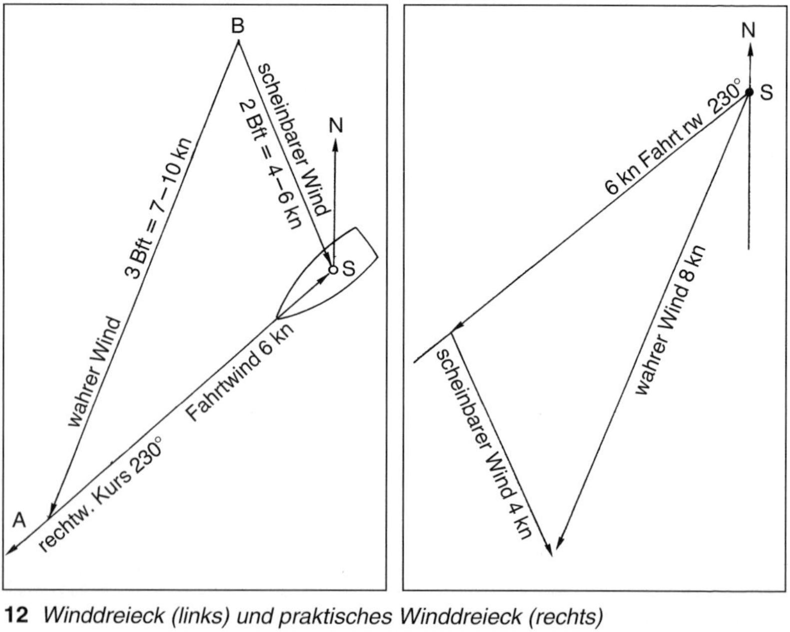

12 *Winddreieck (links) und praktisches Winddreieck (rechts)*

nach rechtweisender Richtung und Stärke in Knoten an (BS). Wenn wir jetzt die beiden Endpunkte A und B miteinander verbinden, so erhalten wir den wahren Wind nach Richtung und Stärke zu rechtweisend 18° mit 7–10 kn. Diese Knotenzahl entspricht Windstärke 3 nach Beaufort.
Der gefühlte Wind ist stes vorlicher als der wahre. Der Wind *schralt,* sobald wir Fahrt aufnehmen.
Da es immer wieder Schwierigkeiten gibt, die Windrichtung zweifelsfrei zu bestimmen, wird wie in Abbildung 12 rechts geplottet.
Man tut gut daran, sich über die Stärke des *wahren* Windes ein Bild zu verschaffen, indem man seine Einwirkung auf die See beobachtet und die Beaufort-Stärke dann nach der Tabelle auf Seite 22 ermittelt. Die Richtung, aus der der Wind wirklich weht, kann man durch Peilen der Seen, insbesondere von Schaumstreifen, ausmachen, wenn man auch darauf achten muß, ob nicht Seegang und Dünung sich überlagern. Man beachte auch, daß der Seegang einer Winddrehung nicht sofort folgt!
Den Zug der Wolken darf man *nicht* zugrunde legen, er zeigt nicht den Bodenwind an.
Sollen jedoch, wie zum Beispiel in den *Monatskarten,* die mittleren Windverhältnisse eines Gebietes dargestellt werden, so geschieht das durch Windsterne (Abbildung 13). Die Zahl im Kreis nennt die Häufigkeit der Windstillen oder schwachen umlaufenden Winde in von Hundert aller Be-

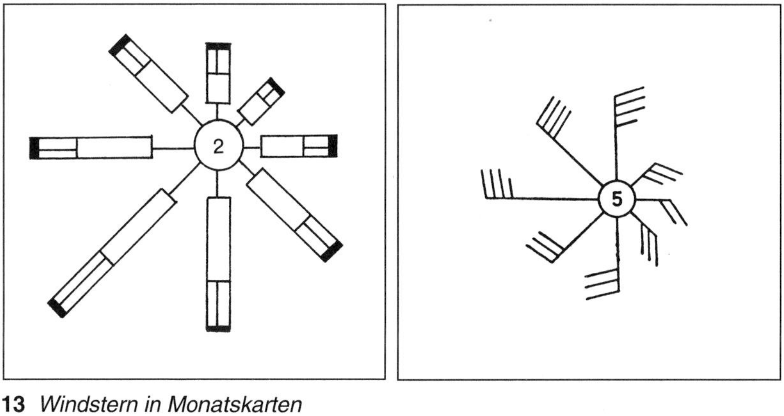

13 *Windstern in Monatskarten*

obachtungen. Die Häufigkeit der Windrichtungen, auf die acht Hauptrichtungen verteilt, wird durch die Länge der Pfeile angegeben, die mittlere Windstärke durch die Befiederung. Die Monatskarte enthält einen Maßstab zum Ablesen der prozentualen Häufigkeit. Nach dem Windstern in Abbildung 13 rechts ist in dem betreffenden Gebiet in 30 % der beobachteten Fälle W-Wind der mittleren Stärke 7 beobachtet worden usw.
In weitergehenden Darstellungen wird der Windpfeil noch unterteilt, um angeben zu können, wieviel Prozent der Winde beispielsweise mit 1–3, 4–5, 6–7 sowie mehr als 8 Bft wehten. So bedeutet der untere Pfeil in Abbildung 14, daß in 42 % aller Beobachtungen der Wind aus WNW kam. Von diesen Winden hatten 11 % die Stärke 1–3, 11 % 4–5, 10 % 6–7 Bft, und 10 % waren stärker als 8 Bft.

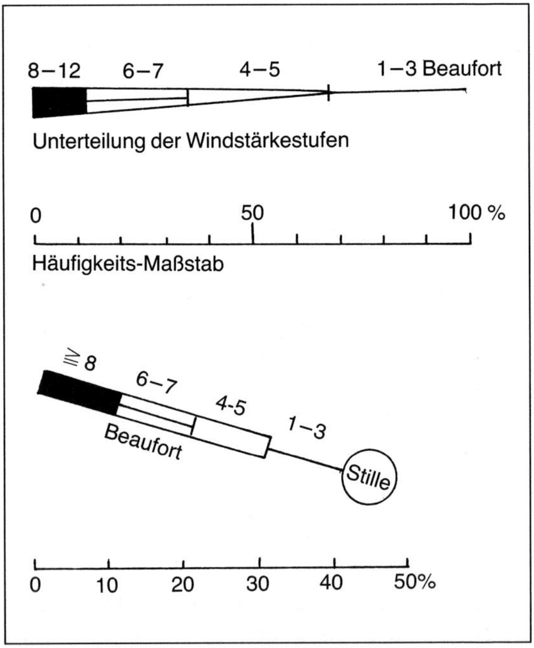

14 *Windpfeile in einer modernen Windkarte*

Seegang

Über den Seegang, den einer auf seiner Reise erlebte, wird man meist etwas übertriebene Angaben hören. Seine „haushohen" Wellen gibt es nur sehr, sehr selten.
Wie sollen wir Wellen beschreiben?
Um eine Welle zu beschreiben, müssen wir angeben: 1. Wellenhöhe, 2. Wellenlänge, 3. Wellenperiode.
Wellenhöhe ist der senkrechte Abstand von Wellenberg und Wellental (H in Abbildung 15).
Wellenlänge ist der Abstand zweier Wellenberge (L in Abbildung 15).

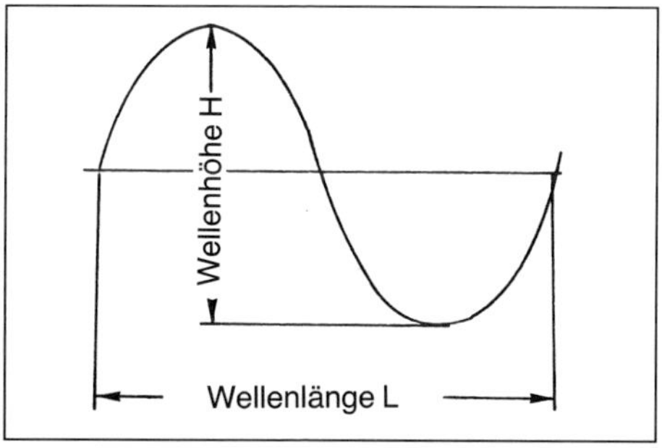

15 *Welle*

Wellenperiode T ist die Zeit, die an einem bestimmten Beobachtungsort zwischen dem Passieren zweier Wellenkämme vergeht. Man kann diese Zeit mit der Stoppuhr messen, indem man beobachtet, wie die Wellen beispielsweise an einer Boje vorbeilaufen.
Außerdem kann man die *Geschwindigkeit* angeben, mit der die Welle durch das Wasser läuft, und die *Steilheit* der Welle, das heißt das Verhältnis von Wellenhöhe zu Wellenlänge.
Betrachten wir indessen die vom Wind aufgeworfene See, so werden wir feststellen, daß die Wellen sich hinsichtlich Höhe, Länge und Periode deutlich unterscheiden. Ein Seegangsfeld besteht aus der Überlagerung vieler einzelner, verschiedener Wellen. Aus diesem Grund wird dem Seegangsfeld eine kennzeichnende, *signifikante* Welle zugeordnet.

In Seehandbüchern und Seegangskarten wird stets die signifikante Wellenhöhe angegeben. An der Ermittlung dieser signifikanten Wellenhöhe wird jedoch die ganze Problematik der Seegangshöhenangaben deutlich:
Liegt eine Seegangsregistrierung mit vielen Wellen vor, so werden sie der Größe nach geordnet und in drei Gruppen eingeteilt. In der einen befinden sich die hohen, in der anderen die mittelhohen und in der letzten die niedrigen Wellen. Aus der Gruppe mit den hohen Wellen wird die mittlere Wellenhöhe ermittelt und mit *signifikante Wellenhöhe ($H^{1/3}$)* bezeichnet.
Daraus läßt sich ableiten, daß sehr wohl höhere als die angegebene signifikante Wellenhöhe auftreten.
Einzelne Wellen können sogar doppelt so hoch sein. Darauf weist das Seehandbuch auch eigens hin. Dies gilt für die folgende *Tabelle für die Windsee* gleichermaßen:

Seegebiet	*größte kennzeichnende Wellenhöhe*
nördliche Nordsee	12 – 13 m
mittlere Nordsee	11 m
westliche Nordsee	10 m
östliche Nordsee	10 m
Deutsche Bucht	7 – 9 m
Biskaya	15 m
Küste vor Portugal	12 m
Ostsee	4,50 m
Mittelmeer	10 m

Die obigen Wellenhöhen sind im Winter gemessen worden. An der Nordseeküste bis nach Stavanger finden wir im Mittel im Mai eine kennzeichnende Wellenhöhe von 1,10 m. Von Juni bis August liegt sie unter diesem Wert, und ab September steigt sie wieder über 1,10 m.

Wie wir bereits wissen, besteht der Seegang aus der Überlagerung verschiedener Wellen, so daß es schwer ist, Aussagen zur Wellen*länge* und zur Wellen*periode* zu machen. Als Anhalt für eine ausgereifte Windsee kann hier die Theorie dienen. Für die Beziehung von Windstärke und kennzeichnender Wellenperiode gilt:

Windstärke in Bft	10	9	8	7	6	5	4	3
Wellenperiode in Sekunden	15	12,5	10,5	8,7	7	5,5	4	2,5

Die Wellenlänge L läßt sich über die Zahlenwerte der Periode T errechnen. Sie ist bei einer Dünung $L = 1{,}56 \cdot T^2$ und bei Windsee $L = T^2$. Die Länge L wird in Meter angegeben und T in Sekunden.
Entsprechend der Beaufort-Skala gibt es eine Seegang-Skala (siehe Seite 35). Diese Beurteilung nach Seegangsstärken von 0 bis 9 ist in Deutschland durch eine Wellenhöhenangabe in Halbmeter-Stufen abgelöst worden, wenn auch noch gebräuchlich. Allgemein gelten folgende Mittelwerte für eine ausgereifte See:

Beaufort-Skala	1	2	3	4	5/6	7	8	9	10/11	12
Seegangsstärke	1	1	2	3	4	5	6	7	8	9
kennzeichnende Wellenhöhe in m			0,2 –0,5	0,5 –1,25	1,25 –2,5	2,5 –4	4 –6	6 –9	9 –14	>14

Abbildung 16 auf Seite 34 zeigt eine Seegangskarte vom Sender Rom für das Mittelmeer in Seegangsstärken.
Die Wellenbewegung ist ein Schwingungszustand, der sich schneller ausbreitet, als das ihn hervorrufende Windfeld ziehen kann. Seegang, der aus diesem Feld herausläuft und der nicht mehr vom Wind angefacht wird, nennt man *Dünung.* Bei der Dünung schwächen sich die Wellen mit der Zeit langsam ab und werden rundlicher, ihre Steilheit wird geringer. Die Dünung nimmt das Aussehen einer idealen Welle an.

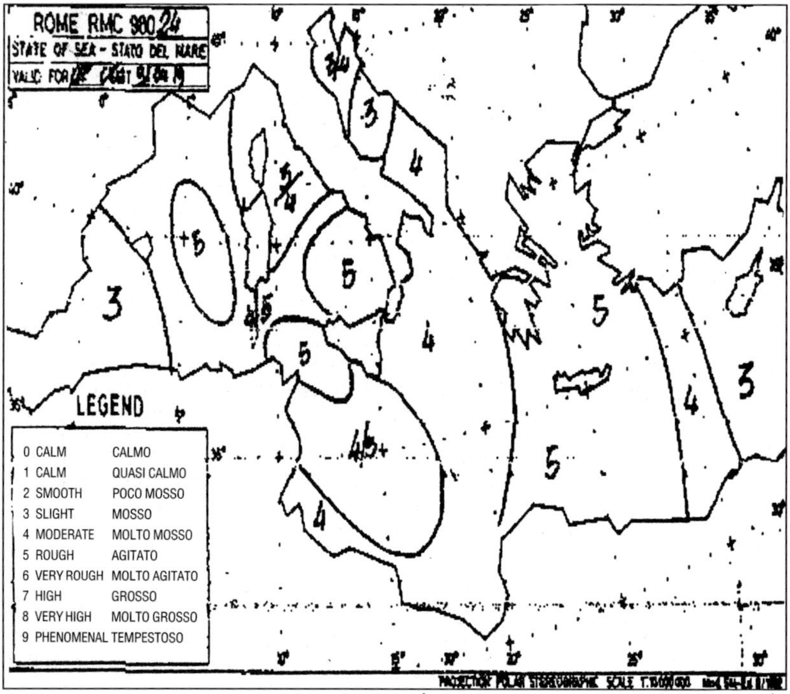

16 *Seegangsanalysekarte vom Sender Rom vom 18. April 1991*

Der Seegang tritt nun nicht nur als reine Windsee und daraus resultierender Dünung auf. Es gibt zahlreiche Faktoren, die ihn verändern können:

- Überlagern sich Wellenzüge aus verschiedenen Richtungen, bildet sich die gefürchtete *Kreuzsee.*
- Wird eine Welle aufgrund ihrer Länge vom Meeresboden beeinflußt, entsteht die *Grundsee.*
- An der Küste brechen die Wellen durch den ansteigenden Meeresboden, und es kommt zur *Brandung.*
- Läuft die See gegen eine Meeres- beziehungsweise Gezeitenströmung, so steilt sie sich auf.

Seegang-Skala

See-gang-Skala	*Bezeichnung des Seegangs*	*Auswirkung*
0	Vollkommen glatte See	Spiegelglatte See
1	Ruhige, gekräuselte See	Kleine, schuppenförmig aussehende Kräuselwellen, keine Schaumkämme
2	Schwach bewegte See	Wellen noch kurz, aber ausgeprägter. Kämme sehen glasig aus und brechen sich nicht. Vereinzelt weiße Schaumköpfe
3	Leichte, bewegte See	Wellen noch klein, werden aber länger. Ziemlich verbreitet treten weiße Schaumköpfe auf. Die sich brechende See rauscht
4	Mäßig bewegte See	Wellen länger, ausgeprägter. Überall weiße Schaumköpfe. Vereinzelt schon Gischt. Brechen der See hört sich wie Murmeln an
5	Grobe See	Größere Wellen, Kämme brechen sich und hinterlassen größere weiße Schaumflächen. Dumpfes, rollendes Geräusch der sich brechenden See
6	Sehr grobe See	See türmt sich. Der beim Brechen entstehende weiße Schaum beginnt sich in Streifen in die Windrichtung zu legen. Das Geräusch der sich brechenden See in größerer Entfernung hörbar
7	Hohe See	Mäßig hohe Wellenberge mit Kämmen von beträchtlicher Länge. Von den Kanten der Kämme beginnt Gischt abzuwehen. Der Schaum legt sich in ausgeprägten Streifen in die Windrichtung
8	Sehr hohe See	Hohe Wellenberge mit langen, überbrechenden Kämmen. See weiß durch Schaum. Schweres, stoßartiges Rollen der See. Sicht durch Gischt stark beeinträchtigt
9	Außergewöhnlich schwere See	Außergewöhnlich hohe Wellenberge. See völlig weiß. Luft mit Schaum und Gischt angefüllt. Jede Fernsicht hört auf. Rollen der See wird zum Getöse

Niederschlag

Kühlt sich die Luft unter den Taupunkt ab, wird ein Teil des Wasserdampfes ausgeschieden.
Geschieht dies an festen Gegenständen, so sprechen wir von *Tau.* Geschieht es in der Luft, so gibt es *Wolken.* Reichen die Wolken bis an die Erdoberfläche, so herrscht *Nebel.*
Scheidet sich der Wasserdampf in fester Form aus, so beobachten wir an festen Gegenständen *Reif* oder *Reifglätte,* in der Luft dagegen Eiskristalle in Form von *Schnee, Graupeln* oder *Hagel.*
Diese Ausscheidung tritt ein, wenn die Lufttemperatur unter den Gefrierpunkt sinkt. In vielen Fällen kann die Luft allerdings stark unterkühlt sein, ehe Eisbildung einsetzt. Durchqueren dann feste Körper diese unterkühlte Luft, geht der Vorgang schlagartig los: An Schiffen und Flugzeugen, die in diese unterkühlte Luft geraten, bildet sich dann überall gefährliches Eis.
Vorbedingung für das Sichniederschlagen des Wasserdampfes ist ein *Kondensationskern,* an den sich das Wasser anlagern kann. Solche Kondensationskerne sind überall in der Luft vorhanden. Über dem Meer sind es Teilchen von Meeressalz, die aus den Schaumkämmen aufgewühlter See in die Luft gelangen und vom Wind mitgenommen werden, aber auch elektrisch geladene Luftmoleküle (Ionen) und Moleküle des Ammoniaks und der Salpetersäure, wie sie sich bei gewittrigen Vorgängen in größeren Höhen bilden.
In Wetterberichten wird Niederschlag wie folgt definiert:
Räumliche Verteilung: vereinzelt, örtlich, strichweise, verbreitet, gebietsweise.
Zeitliche Abfolge: gelegentlich, wiederholt, zeitweise, länger anhaltend, überwiegend niederschlagsfrei, überwiegend trocken.
Nur die *Niederschlagsmenge* wird in gemessenen Werten angegeben:

nur unbedeutender Niederschlag	= Menge kleiner als 0,3 l/m²
leichter Niederschlag	= Menge von 0,3 bis 2 l/m²
mäßiger Niederschlag	= Menge von 2 bis 5 l/m²
starker, ergiebiger Niederschlag	= Menge größer als 5 l/m²

Dunst

Eine Vorstufe der eigentlichen Kondensation zu Tropfen ist das Anlagern von Wasserdampfmolekülen an die Kondensationskerne, welches *Dunst* und eine *Dunsttrübung* bringt, das heißt die Sicht herabsetzt.
Dunst ist ein Kennzeichen der feuchten Meeresluft, beispielsweise aus dem Azorenhoch. Dunst wird daher von den Wetterbeobachtern sorgfältig beachtet.
Die Abnahme der Sichtigkeit kann man feststellen, indem man ermittelt, in welcher Entfernung bekannte Ziele (Gebirge, Inseln, Schiffe, Türme, Seezeichen) sich gerade noch ausmachen lassen.
Bei einer Sichtweite von 1000 m bis 5 sm spricht man von Dunst, Sicht unter 1000 m bedeutet Nebel.
Man kann zur Beschreibung der Sichtverhältnisse auch die Schärfe der Kimm heranziehen:

Kimm	*Sicht in sm*
verwaschen	0,5
unklar	1
gerade noch erkennbar	3
ausgeprägt	5
messerscharf (Sicht außerordentlich gut)	20

Nebel

Ist die Luft voller kleinster Wassertröpfchen, so wird sie mehr oder weniger undurchsichtig. Wir sprechen von *Nebel,* wenn diese Tröpfchen sich nahe der Erdoberfläche bilden, von *Wolken,* wenn sie in größerer Höhe entstehen.
Drei Möglichkeiten müssen wir betrachten, wenn wir uns fragen, wie es zur Nebelbildung kommen kann:

- Warme Luft streicht über kälteres Wasser.
- Kalte Luft streicht über wärmeres Wasser.
- Kalte und feuchtwarme Luft mischen sich.

Streicht warme Luft über kälteres Wasser, so kühlt die Luft sich unter Einwirkung der kalten Meeresoberfläche ab, bis Kondensation eintritt. Nebel finden wir daher über kalten Meeresströmungen.
Ein typischer Nebel durch Abkühlung ist auch der Frühjahrsnebel. Die Landmassen haben sich schon erwärmt, während das Wasser der Randmeere, wie Ost- und Nordsee, noch sehr niedrige Temperaturen aufweist.
Streicht dagegen kalte Luft über warmes Wasser, so gibt das Wasser fortlaufend Feuchtigkeit an die Luft ab. Dieser Nebel durch Verdunstung

17 *Nebelbank*

tritt deutlich in Küstenregionen auf, wo warme Industrieabwässer eingeleitet werden. Im übrigen aber ist Verdunstungsnebel eine typische Herbsterscheinung, wenn nämlich die bereits kalten Luftmassen von Land her über die noch warmen Randmeere streichen.

Die dritte Form des Nebels ist der Mischungsnebel. Durch den Gegensatz Land–See bilden sich an den Küsten oft dichte, gefahrbringende Nebel. Diese *Küstennebel* entstehen zum Beispiel im Sommer, wenn die kühle Seebrise sich über dem Land mit dort lagernder feuchtwarmer Luft mischt. Oder es dringen im Frühjahr feuchtwarme Luftmassen auf das Festland vor und mischen sich mit der dort noch liegenden kalten Festlandsluft.

Wenn sich in klaren, kühlen Nächten der Erdboden stark abkühlt, so werden auch die darüber lagernden Luftschichten oft so kalt, daß sich eine dichte Nebelschicht bildet. Diese *Landnebel* können auch für den Segler gefährlich werden, wenn sie Leuchtfeuer oder andere für die Navigation wichtige Landmarken einhüllen oder gar vom Wind nach See getrieben werden und mit ihren Schwaden plötzlich das Boot umgeben.

Bei zunehmender Erwärmung lösen sich diese Nebel bald auf.

Ein Übergangsstadium ist der *nässende Nebel,* aus dem schon ein feiner Sprühregen fällt. Der Nebel löst sich dann bald auf, die Sicht bessert sich.

Abbildung 17 auf Seite 38 zeigt eine typische Nebelbank.

Wolken

Eine Wolke besteht also aus Wassertröpfchen und/oder Eiskristallen. Diese müßten doch herunterfallen! Die Wolke „schwebt“ aber scheinbar. Die Tropfen sind sehr klein und fallen, weil der Luftwiderstand für sie relativ groß ist, nur langsam. Eine schwache Aufwärtsbewegung der Luft kann sie dann schwebend halten. Etwas größere Tropfen fallen wirklich nach unten, verdampfen aber unter der Wolke wieder. Noch größere Tropfen bilden die *Fallstreifen,* die jeder wohl schon unter der Wolke vor dem Ausbruch eines Schauers beobachtet hat. Und wiederum noch größere Tropfen erreichen dann als Regen die Erde.

Zusammenhang zwischen horizontaler Sichtweite und Intensität des Trübungsphänomens

VV	*Sichtweiten von*	*bis kleiner als*	*Regen*	*Schnee*	*Sprühregen*	*Nebel/ Dunst*	*Schneetreiben, Staub- oder Sandsturm*
90	0 m	50 m	sehr stark	sehr stark	stark	sehr dichter (starker) Nebel	sehr stark
91	50 m	200 m					stark
92	200 m	500 m		stark		mäßiger Nebel	mäßig
93	500 m	1 km				leichter Nebel	leicht
94	1/2 sm (1 km)	1 sm (2 km)	stark	mäßig		stark diesig (schlechte Sicht)	(leicht)
95	1 sm (2 km)	2 sm (4 km)			mäßig		
96	2 sm (4 km)	5 sm (10 km)	mäßig	leicht	leicht	diesig	
97	5 sm (10 km)	10 sm (20 km)	leicht	sehr leicht	sehr Sicht	mittlere Schicht	
98	10 sm (20 km)	25 sm (50 km)	sehr leicht			gute Sicht	
99	ab 25 sm (50 km)					außergew. gute Sicht	
						Sicht im Seewetter-bericht	

Anmerkung:
Die Spalte mit VV gibt die Schlüsselzahlen für die horizontale Sichtweite im Schiffsschlüssel an (Abb. 97,99).

Die Beobachtung der Wolken ist für uns besonders wichtig, weil wir an ihnen erkennen können, welche Luftbewegungen in unserer Troposphäre vor sich gehen. Luft selbst sehen wir ja nicht. Am Zug und an der Form dieser Wolken erkennen wir, wie die Luft strömt, in der sie schwimmen, wo sie aufgleitet, gegen eine Sperrschicht stößt usw.
Auch erkennt man an ihnen, ob eine andere Luftmasse herankommt und wie sich das Wetter ändert.
Wir unterscheiden vier *Wolkenfamilien,* von denen sich drei nach *Wolkenstockwerken* unterteilen:

- hohe Wolken
- mittelhohe Wolken
- tiefe Wolken
- Wolken mit vertikaler Entwicklung, die ihre Basis im Bereich der tiefen Wolken haben, aber bis in den Bereich der hohen Wolken reichen

Hohe Wolken bestehen aus Eiskristallen, *mittelhohe* Wolken aus Eiskristallen und Wassertröpfchen und *tiefe* Wolken aus Wassertröpfchen. Sich *vertikal* entwickelnde Wolken vereinen je nach ihrer Höhe alle Wolkenelemente.

Eine weitere Unterscheidung richtet sich nach der Form der Wolken:

- Haufenwolken (Cumulus)
- Schichtwolken (Stratus)

Haufenwolken sind einzelne, scharf begrenzte Wolken mit vertikaler Entwicklungstendenz. Stoßen sie gegen eine Sperrschicht, über der wärmere Luft liegt, breiten sie sich unter der Sperrschicht horizontal aus und nehmen die Form eines Pilzes oder Ambosses an (Abbildung 18).
Schichtwolken sind horizontale Wolken, die eine gleichförmige Wolkendecke ohne Gliederung bilden.
Haufenwolken mit ihren aufquellenden Formen (wie Blumenkohl sehen sie oft aus) entstehen bei vertikalem Aufsteigen der Luft, Schichtwolken mit ihrer vorwiegend horizontalen Erstreckung entstehen bei ganz langsamem Aufsteigen warmer, feuchter Luftmassen in weiten Gebieten oder beim Aufgleiten.

18 *Drei Amboßwolken*

Geben wir allen mittelhohen Wolken den Vornamen *alto-* und allen hohen Wolken den Vornamen *cirro-* und bezeichnen mit *nimbus* die Wolken, aus denen Regen fällt, so erhalten wir folgende zehn amtliche *Wolkengattungen:*

Hohe Wolken	Cirrus (Ci)	hohe Federwolken
	Cirrostratus (Cs)	hohe Schleierwolken
	Cirrocumulus (Cc)	hohe Schäfchenwolken
Mittelhohe Wolken	Altostratus (As)	mittelhohe Schichtwolken
	Nimbostratus (Ns)	Regenschichtwolken
	Altocumulus (Ac)	grobe Schäfchenwolken
Niedrige Wolken	Stratus (St)	niedrige Schichtwolken
	Stratocumulus (Sc)	Schicht-Haufenwolken
	Cumulus (Cu)	Haufenwolken
Wolken mit vertikaler Entwicklung	Cumulonimbus (Cb)	Schauer- und Gewitterwolken

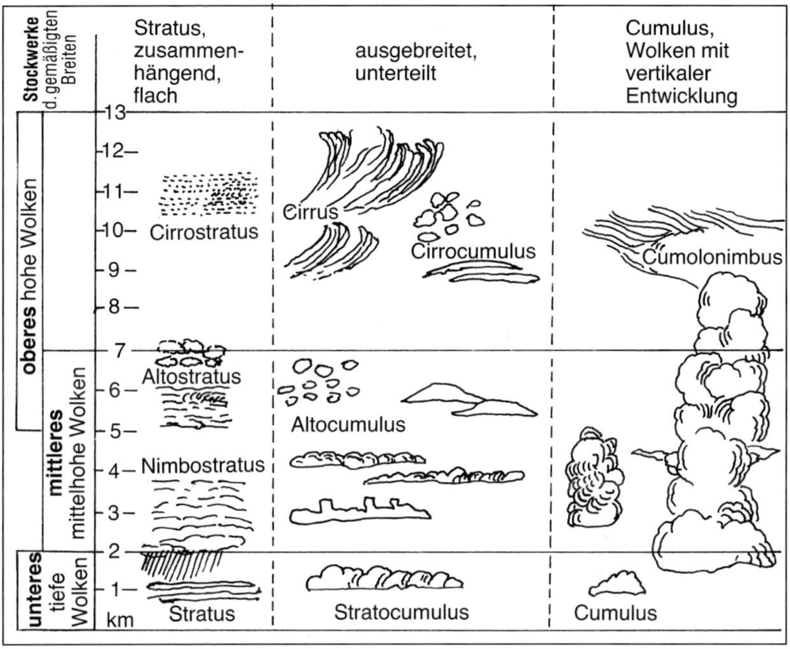

19 *Schema der Wolkengattungen*

In Abbildung 19 sind die zehn Wolkengattungen dargestellt. Schaut man sich aber den Himmel an, so ist man überrascht von der Vielzahl der Wolken. Am deutlichsten wird dies, wenn Cirren den Himmel überziehen. Sie können strahlen-, haken-, flocken- oder auch grätenförmig sein. Einen Überblick verschafft die folgende Tabelle über Arten und Unterarten sowie Besonderheiten der Wolkengattungen:

Gattung	*Art*	
Ci	fibratus (fib) uncinus (unc) spissatus (spi) castellanus (cas) floccus (flo)	= faserig = haken-, krallenförmig = dicht = türmchenförmig = flockenförmig
Cc	stratiformis (str) lenticularis (len) castellanus (cas) floccus (flo)	= schichtförmig = linsen-, mandelförmig = türmchenförmig = flockenförmig
Cs	fibratus (fib) nebulosus (neb)	= faserig = nebelartig
Ac	stratiformis (str) lenticularis (len) castellanus (cas) floccus (flo)	= schichtförmig = linsen-, mandelförmig = türmchenförmig = flockenförmig
As		
Ns		
Sc	stratiformis (str) lenticularis (len) castellanus (cas)	= schichtförmig = linsen-, mandelförmig = türmchenförmig

Unterart		*Besonderheiten und Begleitwolken*	
intortus (in) radiatus (ra) vertebratus (ve) duplicatus (du)	= verflochten = strahlenförmig = grätenförmig = doppelschichtig	mamma (mam)	= mit beutelförmigen Auswüchsen
undulatus (un) lacunosus (la)	= wogenförmig = durchlöchert	virga (vir) mamma (mam)	= mit Fallstreifen = mit beutelförmigen Auswüchsen
duplicatus (du) undulatus (un)	= doppelschichtig = wogenförmig		
translucidus (tr) perlucidus (pe) opacus (op) duplicatus (du) undulatus (un) radiatus (ra) lacunosus (la)	= durchscheinend = durchsichtig(Lücken) = nicht durchscheinend = doppelschichtig = wogenförmig = strahlenförmig = durchlöchert	virga (vir) mamma (mam)	= mit Fallstreifen = mit beutelförmigen Auswüchsen
translucidus (tr) opacus (op) duplicatus (du) undulatus (un) radiatus (ra)	= durchscheinend = nicht durchscheinend = doppelschichtig = wogenförmig = strahlenförmig	virga (vir) praecipitatio (pra) pannus (pan) mamma (mam)	= mit Fallstreifen = mit Niederschlag = mit Fetzen = mit beutelförmigen Auswüchsen
		praecipitatio (pra) virga (vir) pannus (pan)	= mit Niederschlag = mit Fallstreifen = mit Fetzen
translucidus (tr) perlucidus (pe) opacus (op) duplicatus (du) undulatus (un) radiatus (ra) lacunosus (la)	= durchscheinend = durchsichtig (Lücken) = nicht durchscheinend = doppelschichtig = wogenförmig = strahlenförmig = durchlöchert	mamma (mam) virga (vir) praecipitatio (pra)	= mit beutelförmigen Auswüchsen = mit Fallstreifen = mit Niederschlag

Gattung	*Art*	
St	nebulosus (neb) fractus (fra)	= nebelartig = zerrissen
Cu	humilis (hum) mediocris (med) congestus (con) fractus (fra)	= wenig entwickelt = mittelmäßig = mächtig aufquellend = zerrissen
Cb	calvus (cal) capillatus (cap)	= kahl (nicht faserig) = behaart (faserig)

Wie entstehen Wolken?

Wolken entstehen, wenn aufsteigende Luft sich abkühlt. Sie zeigen also an, daß an ihrem Standort Luft aufsteigt.

Einige Beispiele:

- Wenn an Sommertagen das Land sich erhitzt, steigt die Luft darüber auf: Es entstehen die *Schönwettercumuli,* die sich gegen Abend wieder auflösen. Ist der Auftrieb sehr stark, bilden sich große *Quellköpfe (cumulus congestus).*
- Stoßen Winde auf eine Steilküste, so steigen sie an dieser auf. Sind es von See kommende feuchte Luftmassen, bilden sich an der Luvseite des Gebirges Haufenwolken, aus denen eventuell auch Regen fällt. Beispiel: Westwind an der Küste Norwegens.

Unterart		*Besonderheiten und Begleitwolken*	
translucidus (tr) opacus (op) undulatus (un)	= durchscheinend = nicht durchscheinend = wogenförmig	praecipitatio (pra)	= mit Niederschlag
radiatus (ra)	= strahlenförmig	pileus (pi) velum (vel) virga (vir) praecipitatio (pra) arcus (arc) pannus (pan) tuba (tub)	= mit Kappe = mit Schleier = mit Fallstreifen = mit Niederschlag = mit Böenkragen = mit Fetzen = mit Wolkenschlauch
		praecipitatio (pra) virga (vir) pannus (pan) incus (inc) mamma (mam) pileus (pil) velum (vel) arcus (arc) tuba (tub)	= mit Niederschlag = mit Fallstreifen = mit Fetzen = mit Amboß = mit beutelförmigen Auswüchsen = mit Kappe = mit Schleier = mit Böenkragen = mit Wolkenschlauch

- Die Luft steigt auch dann auf, wenn zwei Luftmassen aus entgegengesetzten Richtungen aufeinander zuströmen, wie die Passate. An dieser *Konvergenzlinie* ruft die aufsteigende Luft mächtige Cumulus- und Regenwolken und riesige Regenfälle hervor.
- Auch in den großen Wirbeln der Orkane wird die Luft emporgerissen und abgekühlt.

Für alle diese Vorgänge ist die *Haufenwolke* charakteristisch.

Die Ursache der Haufenwolken besteht in einer labilen Luftschichtung. Die Wolkenluft bewegt sich stetig aus ihrer Ausgangslage fort. Sie quillt nach allen Seiten hoch.

Anders verhält es sich bei *Schichtwolken.* Sie entstehen in Luft, die von einer Unterschicht her abgekühlt wird. Die Luftteilchen fallen stets in ihre

Ausgangslage zurück. Hier haben wir es mit einer stabilen Schichtung zu tun. Beispiel dafür ist das langsame, fast horizontale Aufgleiten von Warmluft auf Kaltluft oder andere kalte Flächen.

Grad der Bedeckung mit Wolken

Um den Bewölkungsgrad zu beschreiben, wird in der Wetterkarte der Stationskreis mehr oder weniger ausgefüllt. Ist der Kreis leer, war der Himmel an der Station wolkenlos, ist er ganz ausgefüllt, war der Himmel ganz mit Wolken bedeckt.
Zwischenstufen werden in Achteln geschätzt und wie folgt bezeichnet:

Bedeckungsgrad	*N*	*Himmelsanblick*
	0/8 0 bis 1/8	wolkenlos sonnig
	1/8	heiter
	2/8 bis 3/8	leicht bewölkt
	4/8 bis 6/8	wolkig
	6/8	stark bewölkt
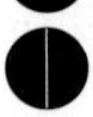	7/8	fast bedeckt
	8/8	bedeckt oder trüb
		Himmel nicht erkennbar
Rückseitenwetter		wechselnd bewölkt

Wer sich dieser Symbole bei seinen Wetteraufzeichnungen an Bord bedient, bedenke, daß man den Bedeckungsgrad in der Nähe des Horizontes leicht überschätzt (Kulissenwirkung).

Regen, Schnee und Hagel

Um die Kondensationskerne bilden sich Wassertröpfchen. Der Durchmesser dieser Wassertröpfchen ist verschieden groß. Nebeltröpfchen haben nur 0,004–0,08 mm Durchmesser und fallen nur sehr, sehr langsam (Fallgeschwindigkeit 0,05–20 cm/s).
Die sehr kleinen Tröpfchen des Sprühregens (Niesel) haben einen Durchmesser von 0,08–0,6 mm.
Bei Regentropfen kann der Durchmesser bis zu 5 mm, die Fallgeschwindigkeit bis zu 800 cm/s ansteigen.
Das Maß für die Stärke eines Niederschlages sind die Millimeter Regen, die die Erde bedecken würden, wenn nichts verdunsten, versickern oder abfließen würde. Diesen Wert bestimmt man mit einem *Regenmesser,* wie ihn Abbildung 20 zeigt. Wir sehen einen Auffangtrichter, dessen Öffnungsfläche man kennt, und darunter ein Meßgefäß.
Wenn auch Schnee, Hagel und Graupeln mit erfaßt werden sollen, muß die Anlage beheizt werden.
Bei Temperaturen unter 0 °C scheidet sich der Wasserdampf in fester Form aus.
Schnee besteht aus sechsstrahligen Eissternen, deren Formenreichtum in Erstaunen versetzt. Er entsteht in großen Höhen, das heißt bei sehr tiefen Temperaturen, und baut sich sehr langsam aus kleinsten Eisplätt-

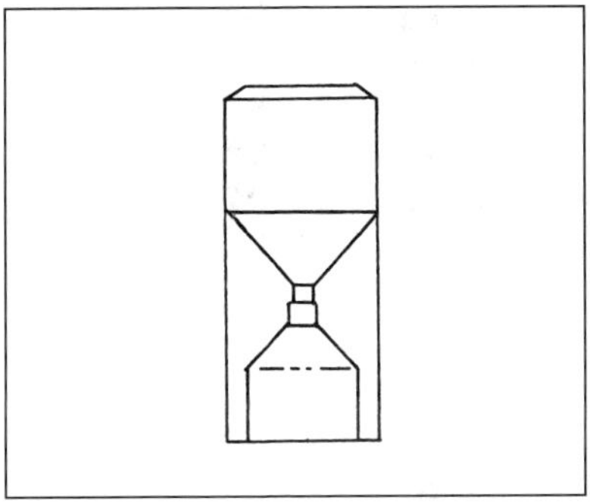

20 *Regenmesser*

chen auf, an die sich immer mehr Kristalle ansetzen, bis bei Temperaturen um 0 °C dichte *Schneeflocken* entstehen.
Graupeln sind undurchsichtige kleine Eiskörner. Sie entstehen, wenn unterkühlte Tröpfchen mit Eiskristallen zusammenstoßen und mit dem Eiskristall zusammenfrieren. Man kann sie leicht zwischen den Fingern zerreiben.
Hagel dagegen besteht aus Eisstücken, die bis zu 5 cm Durchmesser haben können. Um einen undurchsichtigen Kern liegen konzentrische Eisschalen. Diese Schalen entstehen, wenn ein zunächst kleines Eisstück in auf- und absteigenden Luftströmungen immer wieder hoch- und niedergerissen wird. Im Gegensatz zu den Graupeln kann man sie nicht zerreiben.
Wenn Wasserdampf bei sehr großer Kälte unmittelbar in kleine Eiskristalle übergeht, entstehen Eisnadeln, welche der ganzen Luft ein Flimmern geben.

Gewitter

Zu den gewaltigsten Naturerscheinungen, die wir als Sportschiffer erleben können, gehören die elektrischen Erscheinungen der Atmosphäre. Die Erdkugel ist von einem elektrischen Feld umgeben, und zwar ist die Erdoberfläche gegenüber den Luftschichten negativ geladen. Das Spannungsgefälle ist bei normalem Wetter ziemlich konstant (~ 100 V pro 1 m), kann aber bei Nebel und Gewitter auf sehr große Werte ansteigen. Gewitter sind die Folge heftigen Aufsteigens feuchter und warmer Luft in große Höhen. Es entstehen dann die mächtigen, bis 10 km hochschießenden Cumulustürme, aus denen starker Regen, eventuell Hagel- oder Schneeschauer wolkenbruchartig niedergehen. Diese Kondensationen sind mit elektrischen Aufladungen verbunden (Abbildung 21). Wird der Spannungsunterschied zwischen den verschiedenen geladenen Schichten zu groß, entsteht ein *Blitz.* Diese Blitze können von Wolkenteil zu Wolkenteil, aber auch zwischen Wolke und Erdboden entstehen.

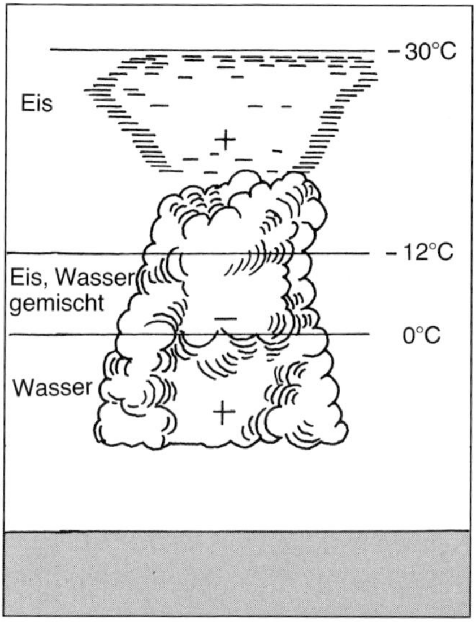

21 *Gewitterwolke*

Es sind im allgemeinen *Linienblitze,* die mehrere Kilometer lang sein können und Stromstärken von 20 000 Ampere erreichen. Die in der Blitzbahn stark erhitzte Luft wird explosionsartig auseinandergeschleudert; wir hören das als *Donner.* Der Donner wird oft vielfach an anderen Wolken oder an Gebirgen reflektiert, wir hören ihn mehrfach, der Donner *rollt.*
Da die Lichtgeschwindigkeit 300 000 km/s beträgt, sehen wir einen Blitz praktisch sofort. Der Schall aber braucht bei seiner Geschwindigkeit von 330 m/s eine ganze Zeit, um uns zu erreichen. Ist das Gewitter noch weit weg, setzt der Donner erst sekundenlang später ein. Aus der Zeitdifferenz können wir den Abstand berechnen, den das Gewitter noch von uns hat:
Teilt man den Zeitunterschied Blitz–Donner (in Sekunden) durch 3, so erhält man die ungefähre Entfernung in Kilometern. Teilt man ihn durch 5, erhält man die ungefähre Entfernung in Seemeilen.
Es kann vorkommen, daß ein Gewitter so weit entfernt ist, daß der Donner nicht mehr gehört wird. Man beobachtet dann *Wetterleuchten.*

Wird der Linienblitz selbst nicht mehr gesehen, sondern nur, wie die Wolke vom Blitz beleuchtet wird, spricht man von *Flächenblitzen.* Solche Flächenblitze können aber auch Glimmentladungen über die Wolkenfläche hin sein.
Ganz selten vorkommend und noch gar nicht geklärt sind die Erscheinungen des *Kugelblitzes* und des *Perlschnurblitzes.*
Ein elektrischer Spannungsunterschied kann sich aber auch als Büschelentladung an Mastspitzen oder Blitzableitern entladen. Man spricht dann von *Elmsfeuer.*
Kann ein Blitz in unsere Yacht einschlagen und Schaden anrichten? Blitzeinschläge kommen natürlich vor. Und wenn es sich um ungesicherte hölzerne Fahrzeuge handelt, kann starker Schaden entstehen. Erlitt doch schon Odysseus vor der Insel der Kalypso Schiffbruch, weil ein Blitz den Mast seines Schiffes zertrümmerte.
Ein Blitzeinschlag auf den modernen Eisenschiffen führt dagegen höchstens zu Kompaßstörungen und eventuell zu Antennenbeschädigungen. Nach den Unfallverhütungsvorschriften der See-Berufsgenossenschaft müssen hölzerne Schiffe, um den Blitz metallisch abzuleiten, Blitzableiter haben, die bis zum Wasserspiegel reichen. Die „Sicherheitsrichtlinien – Internationale und nationale Richtlinien für die Ausrüstung und Sicherheit von Segelyachten" der Kreuzer-Abteilung des Deutschen Segler-Verbandes empfehlen das gleiche für Yachten mit nichtleitender Außenhaut (Holz, Kunststoff usw.).

Optische Erscheinungen

Wundervolle Naturschauspiele sind das Wasserziehen der Sonne, Höfe um Sonne und Mond, Halo und Regenbogen, aber sie sind für uns mehr, wenn wir wissen, wie sie entstehen. Sie sagen nämlich etwas über die Feuchte der Luft (Wassertröpfchen oder Eiskristalle) aus und gestatten uns dadurch, Wettervorhersagen zu machen.
Ein *Hof* ist ein weißliches oder gelbliches, eventuell braunumrandetes kleines Gebiet um Sonne oder Mond, wenn diese durch eine Wolkenschicht hindurchscheinen. Der Hof entsteht dadurch, daß das Sonnen-

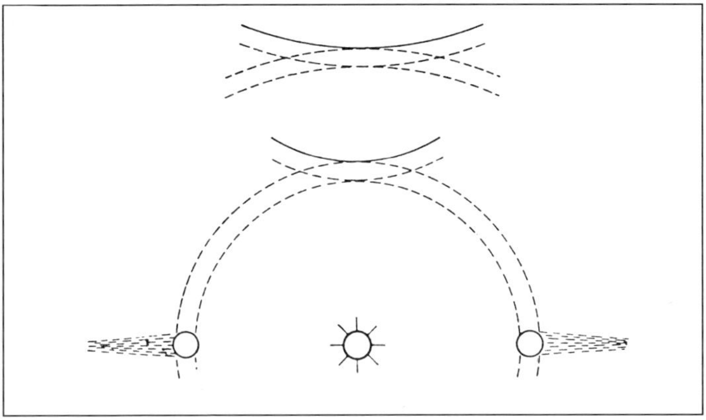

22 *Halo*

oder Mondlicht an den Wassertröpfchen der Wolke gebeugt wird. Diese Beugung wird um so stärker, je kleiner die Tröpfchen und je gleichförmiger sie verteilt sind. Ganz dünne hohe Schichtwolken verraten sich vor allem durch solche Höfe.

Die seltsamen *Halos* um die Sonne dagegen entstehen durch Brechung und Beugung des Sonnenlichtes an kleinen Eiskristallen, wie sie in den hohen Cirruswolken vorhanden sind. Diese verraten sich also durch die Ringe, Nebensonnen usw. eines Halos (Abbildung 22).

Die Ringe um die Sonne haben bei einem Halo immer dieselben Halbmesser (22° und 46°). Außer den Ringen beobachtet man gelegentlich einen Horizontalkreis, eine vertikale Lichtsäule durch die Sonne und an den Schnittpunkten der Kreise die *Nebensonnen.*

Aus vielen Beobachtungen bekannt ist der *Regenbogen.* Er entsteht, wenn die Sonne seitlich gegen die Haufenwolken eines Regenschauers scheint. Er hat immer einen Durchmesser von 41°, und er hat seinen Mittelpunkt im „Gegenpunkt" der Sonne: Steht die Sonne tief, steht der Regenbogen hoch und umgekehrt. Wir bewundern im Regenbogen die leuchtenden *Spektralfarben* von Rot bis Violett, in die das Licht der Sonne durch Brechung im Regenbogen zerlegt wird (Abbildung 23). Je größer die Tropfen, desto leuchtender die Farben.

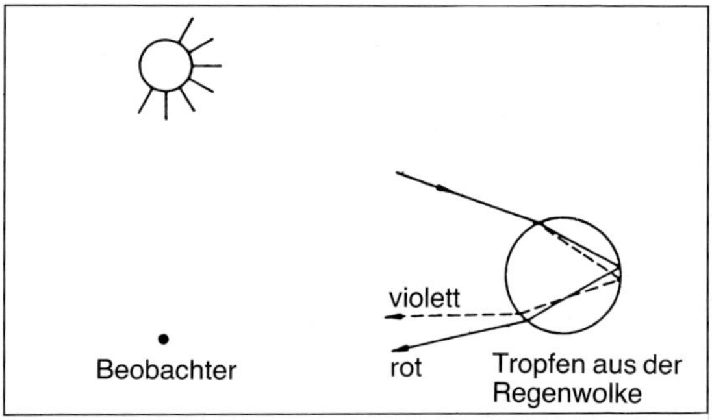

23 *Entstehung des Regenbogens*

Auch das „Wasserziehen“ der Sonne verrät uns, daß die Luft sehr feucht ist und daher Schlechtwetter zu erwarten ist.

Eis

Wenn wir auch wahrscheinlich mit dem Eis des Meeres nichts zu schaffen haben werden, da unsere Boote im Winterlager liegen, wenn sich über unseren Meeren Eis bildet, wollen wir doch ganz kurz auch von diesem „Aggregatzustand“ des Wassers sprechen.
Das Meereseis, das zunächst nur aus einzelnen Eiskristallen besteht, nimmt bei weiterem Absinken der Wassertemperatur festere Formen an (Eisbrei, Pfannkucheneis, Eiskruste, Kerneis) und wächst schließlich in Buchten und an der Küste zu einer Eisdecke zusammen, die jede Schifffahrt unmöglich macht.
Wind und Seegang können diese Decke in *Schollen* zerbrechen, die eventuell treiben *(Treibeis),* und diese Schollen so übereinanderschieben, daß *Packeis* entsteht. Es ist möglich, daß der Wind ganze Packeisfelder von der Küste abtreibt, so daß unter der Küste eine befahrbare *Rinne* entsteht.
Im Unterschied zu diesem aus Meerwasser entstandenen *Feldeis* sind die *Eisberge,* die zum Beispiel im Gebiet der Neufundlandbänke die Schiffahrt behindern, Süßwassereis, das von den Gletschern Grönlands abgebrochen ist.

Wie lege ich das Wetter durch Messungen genauer fest?
Kleine Instrumentenkunde

Barometer, Barograph

Der Luftdruck wird mit dem *Barometer* gemessen, auf Schiffen fast immer mit einem *Aneroid*-Barometer (Trockenbarometer, Dosenbarometer).
Eine aus dünnem Beryllium oder Stahlblech hergestellte Dose, die luftleer gemacht ist, steht durch ein stark vergrößerndes Hebelwerk mit dem Zeiger in Verbindung, der über einer Skala spielt. Wird der Luftdruck größer, so preßt er die Barometerdose ein wenig zusammen, der Zeiger hebt sich. Fällt der Luftdruck, dreht sich der Zeiger entgegengesetzt (Abb. 24).
Diese Instrumente zeigen also nur das Steigen und Fallen des Luftdrucks an, nicht den absoluten Wert. Man kann das Instrument aber *eichen.* Im allgemeinen wird das dadurch erzielt, daß man seine Anzeige mit der eines einwandfreien Quecksilberbarometers oder der eines anderen Referenzgerätes vergleicht.
Je nach Gerät befindet sich an der Seite oder Rückseite des Barometers eine Nullpunktverstellschraube, mit der man die Anzeige auf den richtigen Wert bringen kann.

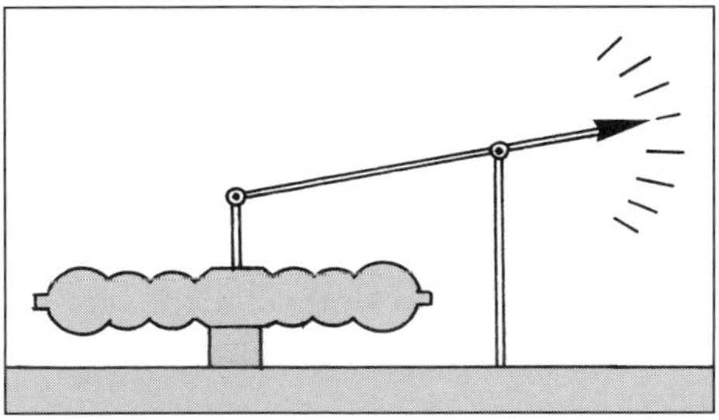

24 *Prinzip des Dosenbarometers*

25 *Bordbarometer: links der Merkzeiger (Foto: Kai Greiser)*

Nicht nur der absolute Wert des Luftdrucks ist das Interessante, sondern auch das Steigen oder Fallen des Druckes, die *Tendenz* des Luftdrucks. In kritischen Wettersituationen wird man das Barometer oft beobachten. Man stellt den *Merkzeiger,* der unabhängig vom Meßwerk am Gehäuse, in der Mitte der Vorderglasplatte, drehbar angebracht ist, auf den beobachteten Wert. Bei der nächsten Beobachtung erkennt man dann an der Stellung des Instrumentenzeigers zum Merkzeiger sofort, ob der Luftdruck gefallen oder gestiegen ist (Abbildung 25).
Auf diese Weise werden Druckänderungen Δp pro Zeiteinheit Δt an einem festen Ort ermittelt. Daraus ergibt sich die *Drucktendenz* $\Delta p/\Delta t$.
Da durch die Reibung in der Übertragung leicht eine gewisse Unempfindlichkeit vorhanden sein kann, empfiehlt es sich, vor jeder Ablesung zart gegen das Glas zu klopfen.
Die Angaben „Sturm, Regen, Veränderlich, Schönwetter" auf manchen Barometern sollte man nicht beachten. Wir werden noch darauf zu sprechen kommen, daß es beispielsweise bei uns im Winter bei sehr hohem Luftdruck tagelang trübes, nebliges Wetter geben kann.
Das geschilderte Zeiger-Barometer zeigt nur den augenblicklichen Luftdruck an. Wollen wir den zeitlichen Ablauf erkennen und für die Beurtei-

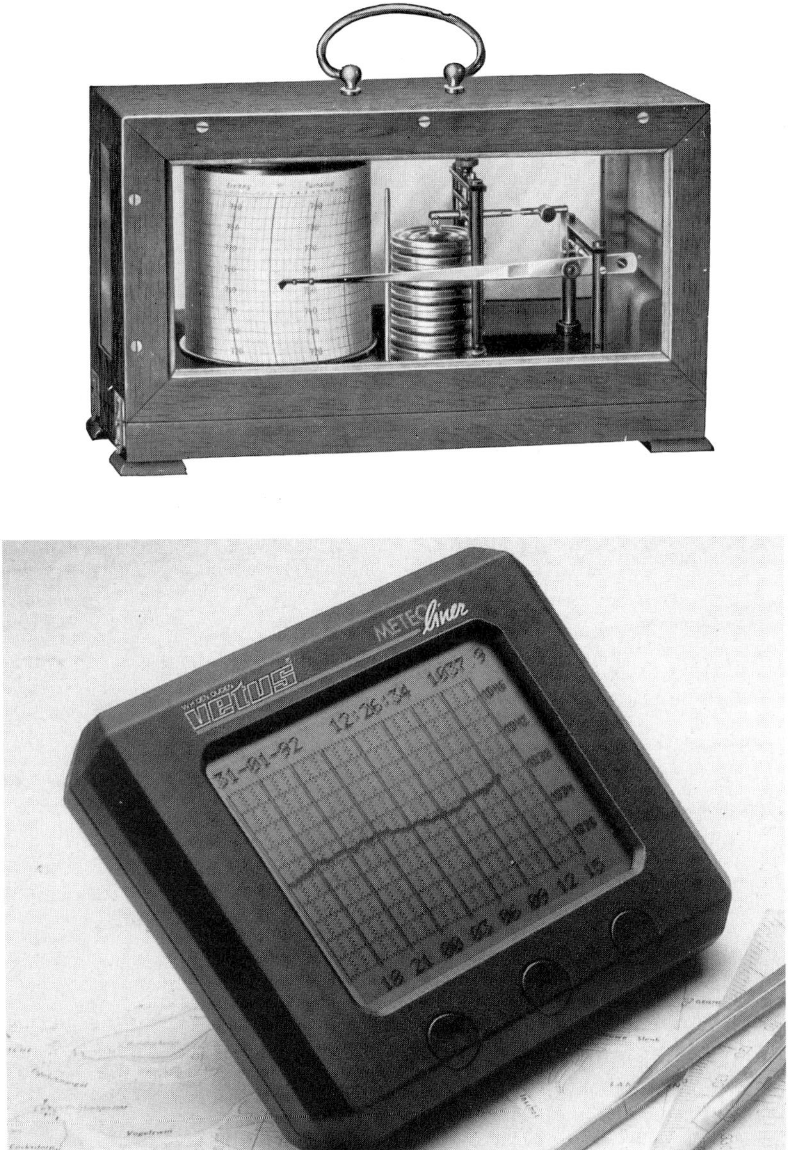

26 *Mechanischer Barograph und elektronisches Baroskop*

lung der weiteren Wetterentwicklung auswerten, müssen wir einen Luftdruck*schreiber* haben, ein *Registrier*-Barometer, auch *Barograph* genannt, das in einer fortlaufenden Linie den Verlauf der Luftdruckänderungen aufzeichnet (Abbildung 26).

Inzwischen gibt es aber auch elektronische Geräte für die Druckregistrierung, die sogenannten *Baroskope* (Abbildung 26). Sie haben eine zusätzliche Funktion: Überschreitet die Drucktendenz einen vorgegebenen festen Wert, gibt der Baroskop eine akustische Vorwarnung, daß in einer bestimmten Zeit (sagen wir: in 2 Stunden) mit Starkwind (ab 6 Bft) zu rechnen ist. Solche statistischen Aussagen sollen dazu dienen, sich auf Schlechtwetter vorzubereiten.

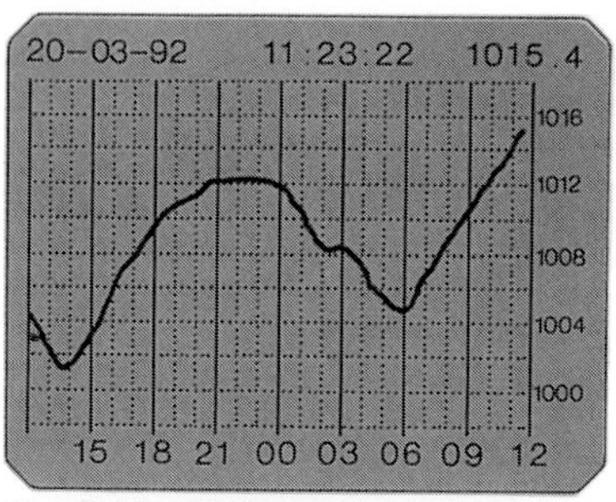

Eine Schönwetterlage ist im Kommen

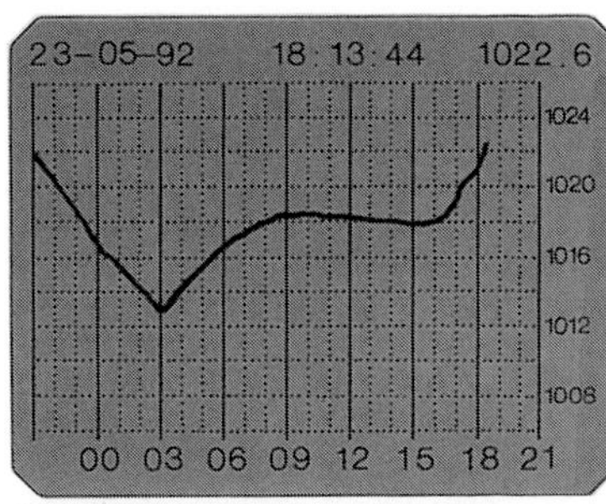

Gefährliche Troglage

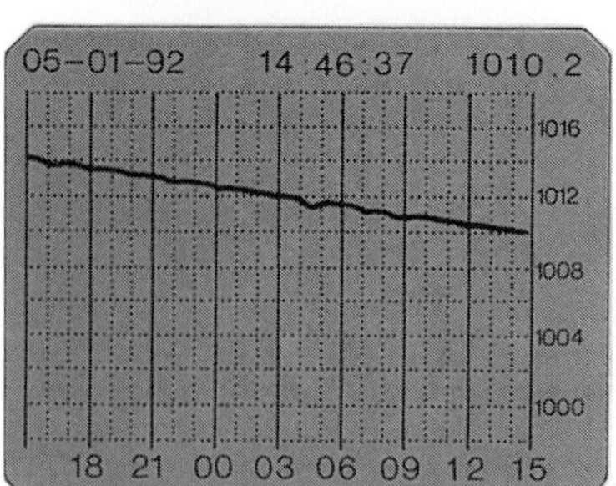

Eine Schönwetterlage geht zu Ende

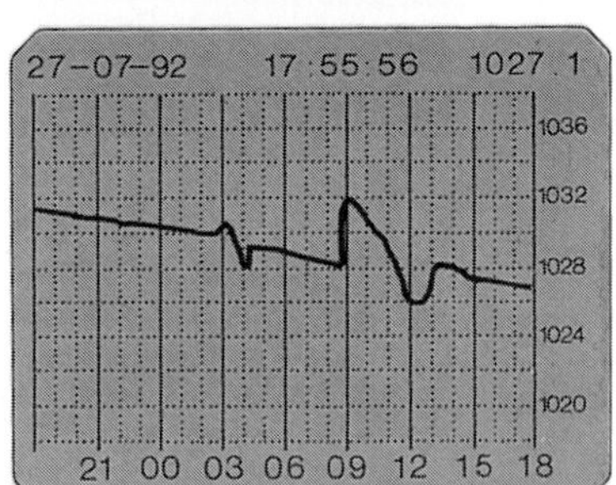

Gewitter zieht auf

27 *Beispiele von Druckregistrierungen und deren nachträgliche Deutung*

Thermometer, Thermograph

Wenn man einwandfreie, das heißt nicht durch das Boot beeinflußte Werte der Lufttemperatur haben will, mißt man in Luv und schützt das Thermometer so gut wie nur möglich vor direkter Sonnenbestrahlung.
Auf den Wetter- und Forschungsschiffen und in der Handelsmarine benutzt man sogenannte *Schleuderthermometer,* um zu einwandfreien Meßwerten zu kommen. Das Thermometer steckt in einem verchromten Messingrohr, das nur schmale Schlitze zum Ablesen hat. Dieses Rohr wird um einen Griff in leicht kreisende Bewegungen versetzt, damit stän-

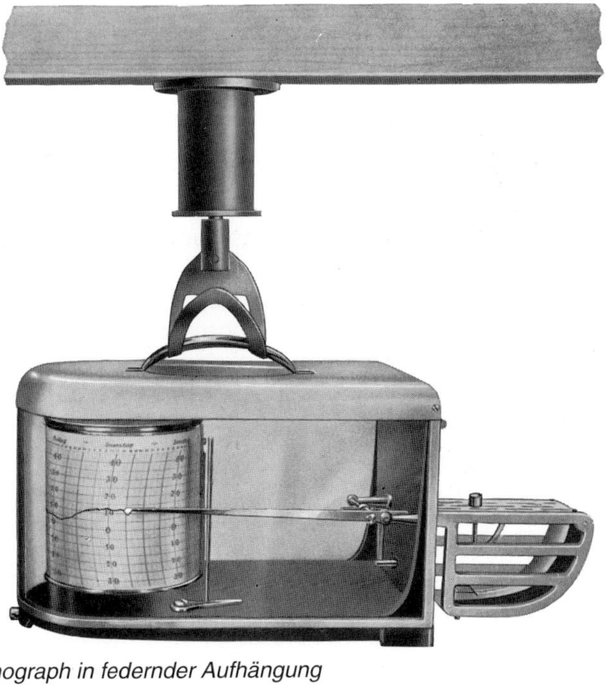

28 *Thermograph in federnder Aufhängung*

dig frische Luft an der Thermometerkugel vorbeiströmt. Ein zweites Thermometer in dem Gerät dient zur Messung der Feuchtkugel-Temperatur (siehe nächsten Abschnitt).
Auch die Lufttemperatur kann laufend aufgezeichnet werden: mit einem *Thermographen* (Abbildung 28). Diese Geräte enthalten meistens ein Bimetallthermometer, das aus zwei gekrümmten, aufeinandergeschweißten Streifen von Metallen verschiedenen Wärmeausdehnungsvermögens besteht. Ändert sich die Temperatur, krümmt sich der Streifen. Diese Krümmung wird durch den Schreibhebel auf dem Papierstreifen sichtbar gemacht, der von einer Trommel einmal in der Woche herumgedreht wird.
Die *Wassertemperatur* werden wir nicht messen. Wer es tun will, muß mit einer Pütz Wasser aufschlagen. Man stellt die Pütz dann am besten in den Schatten und läßt das Thermometer mit seiner Kugel so lange unter Wasser, bis der Stand sich nicht mehr ändert (langsam umrühren!).

Feuchtigkeitsmesser

Wenn die relative Feuchte eine so aufschlußreiche Größe ist, werden wir sie auch messen wollen. Instrumente zum Messen der Luftfeuchte heißen *Hygrometer* oder *Psychrometer.*
Bekannt sind die Haar-Hygrometer, bei denen man sich die Tatsache zunutze machte, daß ein entfettetes menschliches Haar Wasserdampf aus der Luft aufnimmt und sich dadurch verlängert.
Bei starkem Nebel müssen diese Instrumente 100 % anzeigen.
Die Wissenschaftler messen die relative Feuchte unter anderem mit folgender Methode (Abbildung 29): Sie verwenden zwei Thermometer, von denen die Kugel des einen mit einem Läppchen umwickelt ist, dessen Ende in ein Gefäß mit Wasser taucht. Dadurch wird das Läppchen dauernd feucht gehalten, und an der Kugel verdunstet nun im freien Luftzug – für den ich sorgen muß – dauernd Wasser. Jede Verdunstung, so lehrt die Physik, erfordert aber Wärme. Diese Wärme wird der Thermometerkugel entzogen, das feuchte Thermometer zeigt dann eine niedrigere Temperatur an als das trockene. Der Unterschied der Ablesungen am

Psychrometertafel (relative Feuchte U in Prozent)

Temperatur °C	absolute Feuchte a g/m³	Temperaturunterschied trockenes – feuchtes Thermometer 1 °C	2 °C	3 °C	4 °C	5 °C	6 °C	7 °C	8 °C	9 °C	10 °C
— 9	2,5	68	37								
— 8	2,7	70	42								
— 7	3,0	72	45	18							
— 6	3,2	74	48	22							
— 5	3,4	75	51	28							
— 4	3,7	77	54	32							
— 3	3,9	78	57	36	16						
— 2	4,2	79	59	39	20						
— 1	4,5	80	61	43	24						
± 0	4,8	81	63	46	28	12					
+ 1	5,2	83	65	49	32	16					
+ 2	5,6	84	68	52	36	21					
+ 3	6,0	84	69	54	39	25	10				
+ 4	6,4	85	70	56	42	28	15				
+ 5	6,8	86	72	58	45	32	19	6			
+ 6	7,3	86	73	60	47	35	23	10			
+ 7	7,8	87	74	61	49	37	26	14			
+ 8	8,3	87	75	63	51	40	28	18	7		
+ 9	8,8	88	76	64	53	42	31	21	11		
+ 10	9,4	88	76	65	54	44	34	24	14	4	
+ 11	10,0	88	77	66	56	46	36	26	17	8	
+ 12	10,7	89	78	68	57	48	38	29	20	11	
+ 13	11,4	89	79	69	59	49	40	31	23	14	6
+ 14	12,1	90	79	70	60	51	42	33	25	17	9
+ 15	12,9	90	80	70	61	52	44	36	27	19	12
+ 16	13,7	90	81	71	62	54	45	37	30	22	15
+ 17	14,5	90	81	72	63	55	47	39	32	24	17
+ 18	15,4	91	82	73	64	56	48	41	34	26	20
+ 19	16,3	91	82	74	65	57	50	42	35	28	22
+ 20	17,3	91	83	74	66	59	51	44	37	30	24
+ 21	18,4	91	83	75	67	60	52	46	39	32	25
+ 22	19,4	92	83	76	68	61	54	47	40	34	28
+ 23	20,6	92	84	76	69	61	55	48	42	35	29
+ 24	21,8	92	84	77	69	62	56	49	43	37	31
+ 25	23,1	92	84	77	70	63	57	50	44	38	33
+ 26	24,4	92	85	78	71	64	58	50	45	40	34
+ 27	25,8	92	85	78	71	65	58	52	46	41	35
+ 28	27,2	93	85	78	72	65	59	53	48	42	37
+ 29	28,8	93	86	79	72	66	60	54	49	43	38
+ 30	30,4	93	86	79	73	67	61	55	50	44	39

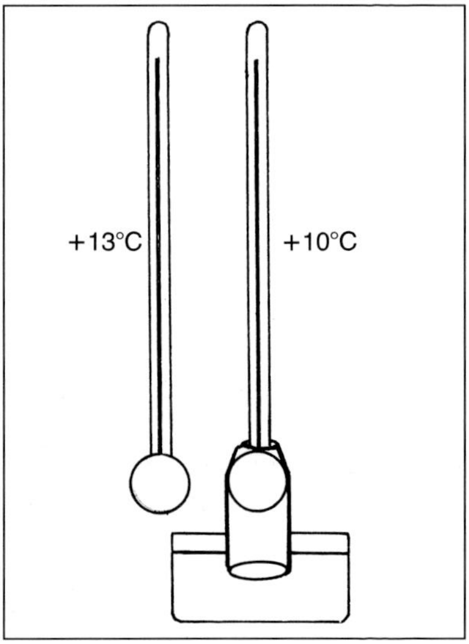

29 *Messung der Luftfeuchte*

trockenen und feuchten Thermometer und die Temperatur am trockenen Thermometer ergeben die relative Feuchte. Den Wert kann man einer „Psychrometertafel“ entnehmen, wie sie auf Seite 61 abgedruckt ist.
Wer zwei gleiche Thermometer besitzt, sollte diese interessante Messung regelmäßig ausführen.
Als Beispiel zur Anwendung der Psychrometertafel mag folgende Situation dienen: Ein Schiffsraum hat eine Trockenkugeltemperatur von 20 °C und eine Feuchtkugeltemperatur von 17 °C. Die Tafel gibt bei 20 °C und ΔT = (20–17) °C = 3 °C eine relative Feuchte von U = 74 % an. Die absolute Feuchte in diesem Raum ist dann a = 17,3 · $^{74}/_{100}$ = 12,8 g/m^3. Bei einer nicht isolierten Außenwand wäre die Wassertemperatur gleich der Innenwandtemperatur. Nehmen wir 10 °C an, dann kann die Luft maximal 9,4 g/m^3 halten. In unserem Fall wird Schiffsschweiß entstehen: 12,8 – 9,4 g/m^3 = 3,4 g/m^3 Wasser werden an der Wand herunterlaufen.

Windmesser

Zum Messen der Windgeschwindigkeit benutzen wir einen Hand-Windmesser (Anemometer), wie ihn Abbildung 30 zeigt. Seine Skala ist in Kilometer pro Stunde, Beaufort, je nach Gerät auch noch in Knoten und Meter pro Sekunde geteilt.
Normaler Meßbereich: 0 bis 25 m/s (0 bis 10 Beaufort).
Das Gerät ist wasserdicht eingekapselt.
Der augenblickliche Meßwert kann durch eine Arretierung festgehalten werden.
Manche Windmesser haben ein Feingewinde zwischen Handgriff und Gerät, so daß man es auch auf ein Stativ schrauben kann.
Windmesser arbeiten mit einem *Schalenkreuz* (Abbildung 31). Dem Windstrom bietet die Schale 1 in der gezeichneten Stellung mehr Wider-

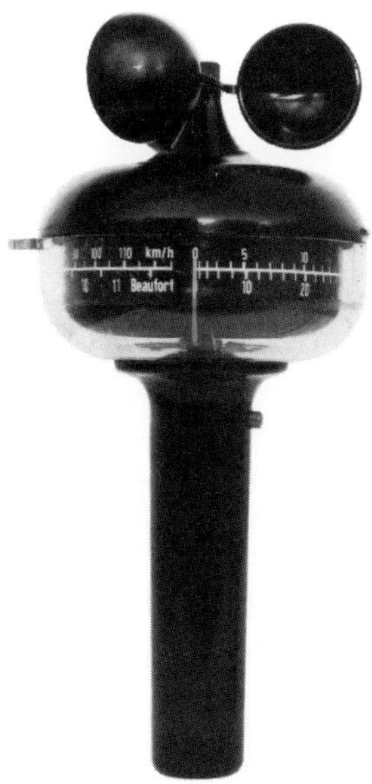

30 *Handwindmesser*

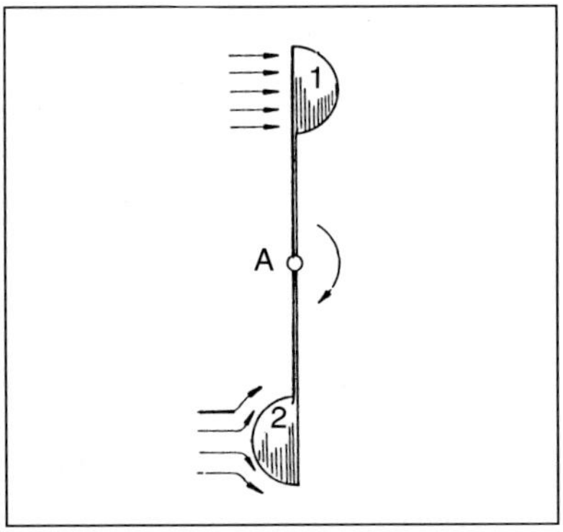

31 *Prinzip des Windstärkenmessers mit Schalenkreuz*

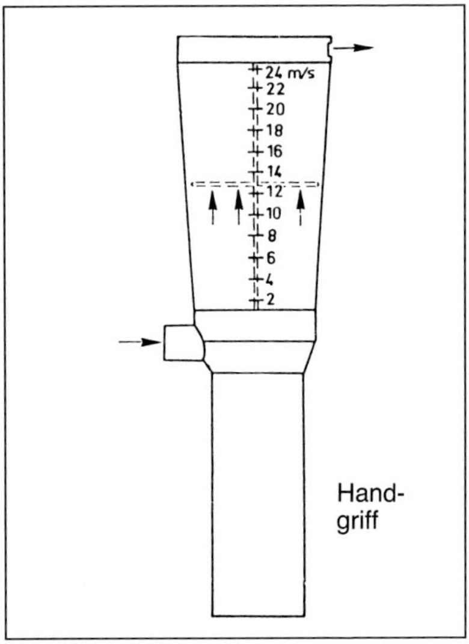

32 *Ventimeter*

stand als die Schale 2. Das Schalenpaar dreht sich daher um die Achse A im Uhrzeigersinn, und zwar um so schneller, je stärker der Wind weht. Die Anzahl der Umdrehungen pro Sekunde ist das Maß für die Windstärke.

Heute verwendet man drei symmetrisch angebrachte Schalen, um keinen toten Punkt zu bekommen.

Eine interessante, ganz anders geartete Konstruktion ist das schwedische *Ventimeter.* Es mißt den Druck, mit dem der zu messende Wind eine Meßscheibe anhebt, die in einem Hohlzylinder angeordnet ist. Das Gerät, das uns die Abbildung 32 zeigt, ist frei von rotierenden Teilen und aus stoßunempfindlichem Kunststoff hergestellt und daher wetterfest. Da der Handgriff hohl ist, ist das Gerät sogar schwimmfähig.

Zum Messen wird das Ventimeter senkrecht in Augeshöhe gehalten, die Düse direkt gegen den Wind. Man liest die Windstärke in Meter/Sekunden ab. Im Handgriff sind Umrechnungstabellen eingelassen.

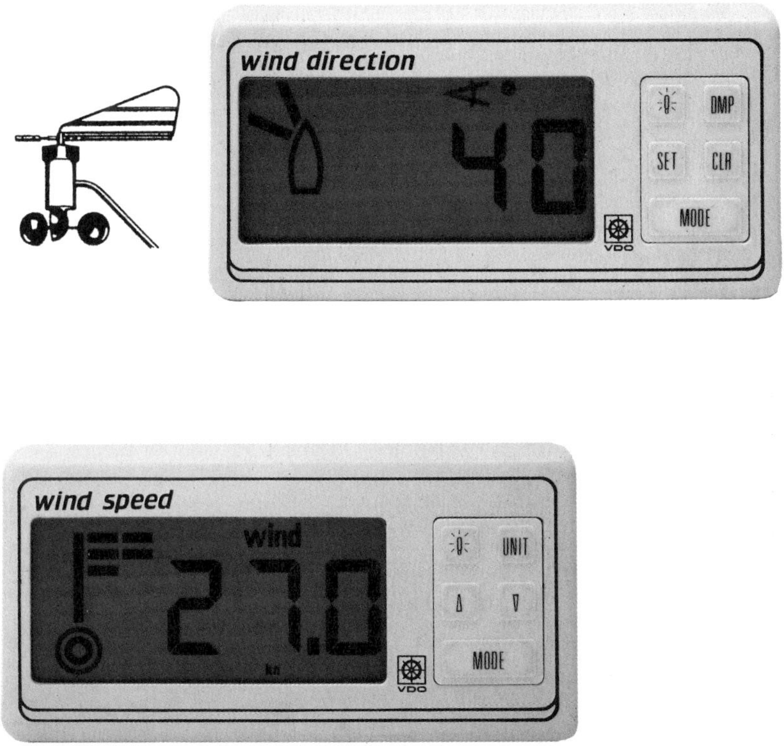

33 *Digitale Windmeßanlage von VDO für Windrichtung und Windgeschwindigkeit. Oben: Windmeßgeber*

Fernanzeigende Windmesser

Man kann das Schalenkreuz des Anemometers auch an einer meßtechnisch besonders günstigen Stelle des Schiffes einbauen, zum Beispiel im Masttopp, und seine Anzeige elektrisch fernanzeigen.
Wenn das Schalenkreuz sich im Wind dreht, treibt es gleichzeitig einen kleinen Wechselstromgenerator an, dessen Spannung mit der Drehzahl

des Windmessers und damit mit der Windstärke steigt. Der dabei entstehende Strom wird über ein beliebiges 2-Ader-Kabel an das direkt in Knoten, Meter pro Sekunde und Beaufort-Grade geeichte Anzeigeinstrument fernübertragen.
Das Meßgerät sollte in der Kajüte angebracht werden oder, wenn im Cockpit, an einer geschützten Stelle, damit es nicht dem schädlichen Spritzwasser ausgesetzt ist.

Aufbau von Meßgeräten

Bei der Vielzahl der zum Teil recht komplizierten heutigen Meßgeräte sollte man wissen, aus welchen Funktionsteilen sie bestehen:

Meßwertgeber	Temperaturfühler, Drucksensor, kleiner Stromgenerator, Feuchtefühler, Kraftaufnehmer u. a. m.
Meßwertwandler	Bauteil zur Erzeugung meßbarer elektrischer Größen
Meßwertüberträger	meist ein Kabel, aber auch eine Funkstrecke möglich
Meßwertanzeige	üblich sind Spannungs- oder Strommeßgeräte, die z. B. in Knoten, Celsius, Winkelgraden, Meter, Newton geeicht sind

Wie entwickelt sich Wetter?
Wetterabläufe

Nachdem wir nun gelernt haben, nach allen Regeln der Kunst das Wetter einzuordnen und zu beschreiben, ja sogar die Grundgrößen zu messen, erhebt sich die wichtigste Frage: Wie wird sich das Wetter entwickeln? Welches Wetter habe ich zu erwarten? Soll ich auslaufen?
Um derartige Entscheidungen treffen zu können, muß ich zuerst einmal wissen, nach welchen Gesetzen das Wetter „funktioniert" und welche Wind- und Wetterverhältnisse ich normalerweise in dem Seeraum zu erwarten habe, in dem ich mich aufhalten will oder schon befinde. Kurz: Wir brauchen eine kleine Wetterkunde.
Das beschriebene und durch Messungen festgelegte Wetter wird ganz offensichtlich von gewaltigen Kräften gelenkt und in Gang gehalten. Wir beginnen daher unsere Wetterkunde, unsere Suche nach den Grundgesetzen des Wetters, mit der einfachen Frage: Woher kommt die Energie, welche die gewaltigen Stürme, Gewitter oder Wolkenbrüche in Gang setzt, die unsere Seefahrt so dramatisch machen können?
Wir fragen zunächst, wie sich unsere Lufthülle überhaupt erwärmt.

Erwärmung durch Sonnenstrahlung

Ein verschwenderischer, höchst zuverlässiger Wärmelieferant ist unsere Sonne.
Der Abstand der Sonne von der Erde beträgt zwar 150 000 000 km, aber die Sonne ist ein Riese, verglichen mit der Erde. Sie hat einen Durchmesser von 1 392 000 km. 110 Erdkugeln müßte man aneinanderreihen, um diese Strecke zu erhalten. Dieser Riese hat schon an der Oberfläche eine

Temperatur von 6000 °C, im Innern steigt sie auf Millionen Grade. Groß ist daher die von der Sonne in den Weltraum ausgestrahlte Energie.
Wir auf unserer weit entfernten Erde erhalten davon nur einen verschwindend kleinen Bruchteil, wie die Abbildung 34 andeutet, aber immer noch so viel, daß an der Grenze der Lufthülle in jeder Minute (bei senkrechtem Einfall) etwa 20 Wärme-Einheiten (Kilokalorien) auf den Quadratmeter kommen *(Solarkonstante, 1368 Watt/m²)*.

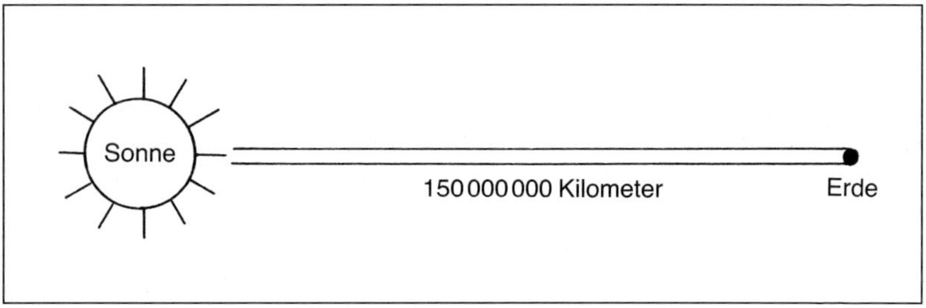

34 *Sonne und Erde*

Diese Wärmemenge würde ausreichen, so hat jemand berechnet, um in einem Jahr eine Eisdecke von 40 m Dicke rings um die Erde wegzuschmelzen.
Die Strahlung der Sonne besteht aus Wellen sehr verschieden großer Länge, ihr „Spektrum" reicht von Radiowellen über Wärmestrahlen, Lichtstrahlen, Ultraviolettstrahlen bis hin zu Röntgenstrahlen.
Die direkt auftreffende Strahlung ist am wirksamsten, wenn sie senkrecht einfällt, wie in den Tropen. Je niedriger die Sonne steht, desto größer wird die Fläche, welche dasselbe Strahlenbündel mit seiner Energie beliefern soll, das heißt, desto geringer wird die Erwärmung pro Quadratmeter (Abbildung 35). Außerdem wird die Strecke immer größer, die der Strahl durch die Lufthülle zurücklegen muß.
Schließlich kann in der Atmosphäre nur noch mit einem Viertel der Solarkonstanten gerechnet werden (für Freunde der alternativen Energie: Es sind 342 Watt/m²).

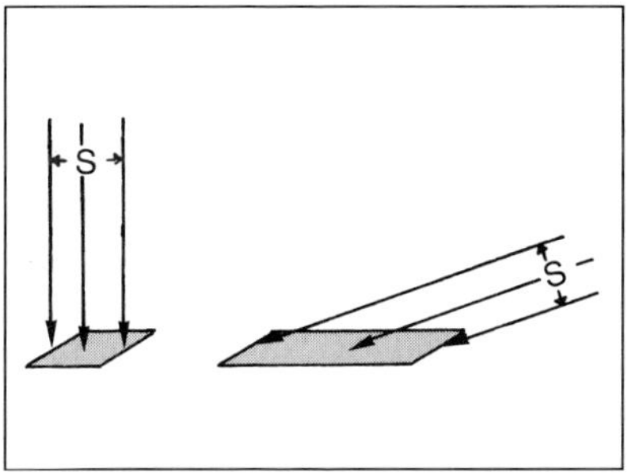

35 *Die Wirkung der Strahlung hängt vom Einfallswinkel ab*

Von der zugestrahlten Sonnenenergie in Form von kurzwelliger Strahlung (342 W/m^2) erreicht nur ungefähr die Hälfte (51 %) die Erdoberfläche. 19 % schluckt die Atmosphäre, und 30 % werden in den Weltraum reflektiert.

Allerdings verändert sich die Strahlung. Da die Temperatur der Erdoberfläche nicht sehr hoch ist, sendet sie nur eine langwellige Wärmestrahlung aus, wie ein Heizkörper, ein Radiator. Diese warme Strahlung würde im Weltraum verschwinden, wenn die Atmosphäre sie nicht zurückhielte und aufnähme. Dies ist der sogenannte *Glashaus- oder Treibhauseffekt:* Kurzwellige Strahlung dringt in das Haus ein, wird dort umgewandelt in langwellige Strahlung und kann nun nicht mehr durch das Glas entfliehen. Die Temperatur steigt.

Die Strahlen werden an den Luftmolekülen diffus, das heißt nach allen Richtungen unregelmäßig zerstreut, und zwar werden kurzwellige Strahlen mehr gestreut als langwellige, also von den Lichtstrahlen die blauen mehr als die langwelligen roten. Wir sehen daher die Luft über uns, den Himmel, blau.

Natürlich strahlt auch die erwärmte Atmosphäre. Sie verliert mehr Strahlungsenergie, als ihr von der Sonne und von der Erdoberfläche zugestrahlt wird. Dieses Energiedefizit wird nun ausgeglichen erstens durch einen Wärmetransport von der Erdoberfläche in die Atmosphäre durch sogenannte Konvektion. Entsprechend arbeitende Heizkörper werden Konvektoren genannt. Sie geben ihre Wärme zum überwiegenden Teil

durch Luftumwälzung ab. Zum zweiten erfolgt der Ausgleich durch Verdunstung, wobei die zur Verdunstung benötigte Wärmemenge beim Kondensieren in den Wolken wieder frei wird. Diesen Ausgleich des Energiedefizits bewirkt unser Wetter. Unser Wetter ist also praktisch nichts anderes als der Ausgleich des Energiedefizits.
Wenn man alle hereinkommenden und hinausgehenden Energien, also Wärmemengen, zusammenzählt, ergibt sich weder ein Wärmeüberschuß noch ein Wärmeverlust in der Atmosphäre. Die Bilanz ist ausgeglichen. Verändert der Mensch dieses Gleichgewicht, so sind die Folgen nicht abzusehen.

Verschiedene Erwärmung von Land und See

Bei ein und derselben Einstrahlung erwärmt sich nun aber die Oberfläche der Meere nicht so stark wie die gleich großen Flächen des Erdbodens. Das leuchtet uns ein, wenn wir folgendes bedenken:

- Helle, glatte Oberflächen (Meer) werfen mehr Strahlung zurück als dunkle, rauhe (Erdboden).
- Wasser ist schwerer zu erwärmen als Erde.
- Licht- und Wärmestrahlen dringen ins Wasser 15–20 m tief ein, in die Erde nur in die oberste Krume. Die Wärme verteilt sich im Meer also auf eine dicke Schicht.
- Über dem Wasser wird Wärme für Verdunstung verbraucht.
- Im Wasser werden an der Oberfläche erwärmte Teilchen oft durch Wirbel in große Tiefen verfrachtet.

Umgekehrt kühlen sich die Meere sehr viel schwerer ab als das Land, weil im Meer eine viel größere Wärmemenge gespeichert ist. Am Tage und im Sommer verschluckt das Meer große Wärmemengen, die es in der Nacht und im Winter nur zögernd wieder abgibt.
Die erwärmte Oberfläche der Erde erwärmt nun die darüber lagernde Luft. Über dem Boden entstehen damit aufsteigende Bewegungen, oft turbulent, wirbelnd, welche die Wärme unter Umständen in große Höhen transportieren.

Tagesgang der Lufttemperatur

Aus diesen einfachen Feststellungen über Ein- und Ausstrahlung erklärt sich nun schon der tägliche Temperaturgang, den wir beobachten.
Aus dem Mittel jahrelang durchgeführter Beobachtungsreihen ergibt sich zum Beispiel die Kurve a in Abbildung 36. Sie stellt den mittleren tägli-

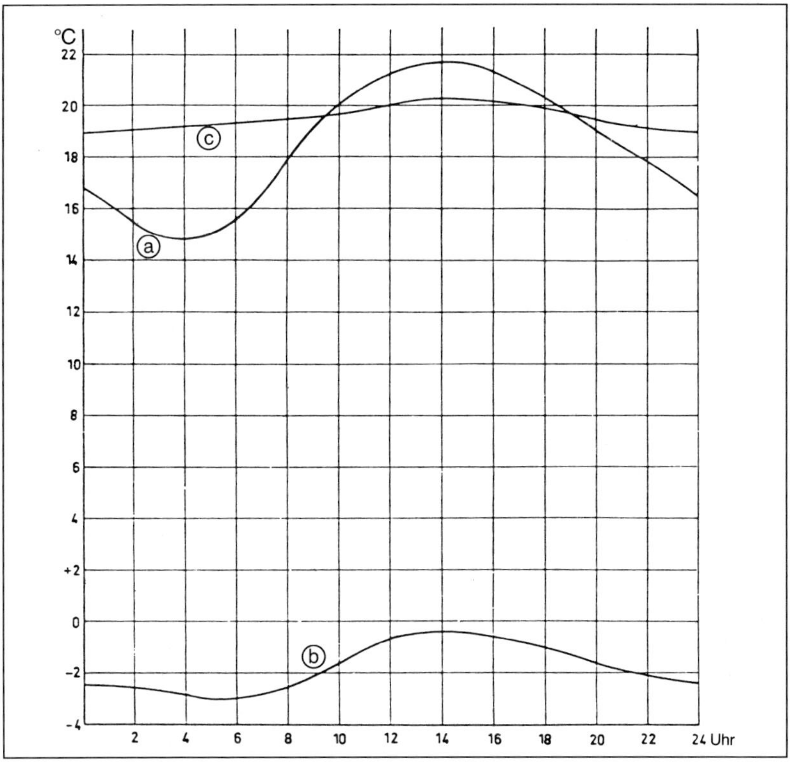

36 *Tagesgang der Lufttemperatur:*
Kurve a: Berlin, Juli; Kurve b: Berlin, Januar;
Kurve c: Nordatlantik (30°N)

chen Temperaturgang für Berlin im Juli dar. Die niedrigste Temperatur zeigt die Kurve bei 4 Uhr an, bei Sonnenaufgang also. Die Erde hat die am Tage aufgenommene Wärme im Laufe der Nacht in den Weltraum hinausgestrahlt und sich so lange abgekühlt, bis die Sonne wieder neue Wärme bringt. Mit steigender Sonne erwärmen sich nun der Erdboden und von ihm aus die unteren Luftschichten mehr und mehr, bis um 14 Uhr die höchste Temperatur erreicht ist. Zwar hat die Sonne schon um 12 Uhr ihren höchsten Stand erreicht, aber 2 bis 3 Stunden nach Mittag übertrifft die Einstrahlung immer noch die Ausstrahlung. Erst um 14 Uhr etwa sind sie gleich geworden, und nun beginnt mit dem Sinken der Sonne der Erdboden sich wieder abzukühlen, und die darüber lagernde Luft wird kälter und kälter.
Die Lufttemperatur schwankt in diesem Beispiel zwischen 15 °C und 22 °C, also um 7 °C. Das ist ein mittlerer Wert für unsere Breiten und einen Binnenort. Im Einzelfall hängt die Tagesschwankung natürlich vor allem von dem Bewölkungsgrad ab. Am größten ist sie bei wolkenlosem Himmel.
Die Kurve b gilt für Berlin im Januar. Sie schwankt nur um 2 °C, liegt ganz unter Null und hat ihr Minimum, der Aufgangszeit der Sonne entsprechend, erst bei 6–7 Uhr.
Ganz anders sieht die Kurve für eine Station mitten im Nordatlantik auf 30°N aus, welche die Kurve c wiedergibt.
Den großen Schwankungen an Land, die in Wüstengebieten bis zu 30 °C betragen können, steht über See Ausgeglichenheit gegenüber, Schwankungen um nur wenige, meistens nur 1–2 Grade.

Jahresgang der Lufttemperatur

Wir haben eben für Berlin einen großen Unterschied zwischen der mittleren Temperatur im Sommer und der mittleren Temperatur im Winter festgestellt. Heiße Sommer und strenge Winter sind Kennzeichen des *Land-* und *Kontinentalklimas.*
Dieser Unterschied von Sommer und Winter, die Jahresschwankung der

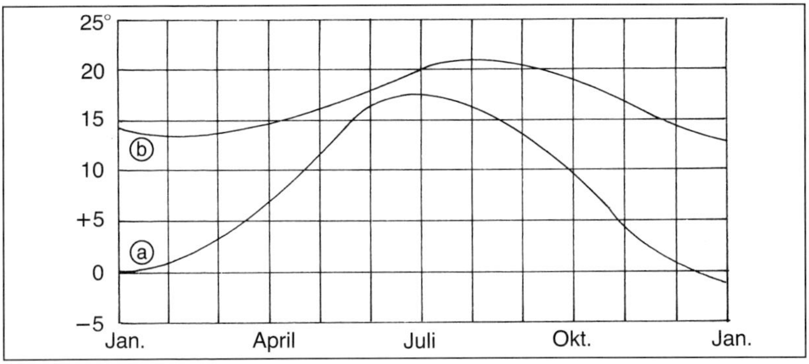

37 *Jahresgang der Lufttemperatur: Kurve a: Berlin, Kurve b: Ozean*

Lufttemperatur, nimmt mit der Breite zu (Abbildung 37). In der Äquatorzone ist sie äußerst gering. Die stärksten Schwankungen wurden in Sibirien beobachtet. In Jakutsk schwankte die mittlere Monatstemperatur zwischen –45 °C und +17 °C, also um 62 °C!
Ganz anders in Thorshavn auf den Färöer. Nur um 8 °C, zwischen +3 °C und +11 °C, schwankte die mittlere Monatstemperatur. Das ist reines *Seeklima,* hier ist der Sommer kühl, der Winter milde.

Thermische Hoch- und Tiefdruckgebiete

Nun wenden wir unsere Kenntnisse an.
Stellen wir uns eine einsam im weiten Meer liegende Insel vor. Die Sonne steht am wolkenlosen Himmel und heizt.
Land und Meer erwärmen sich verschieden stark. Bald ist die Insel, wie eine Heizplatte, heiß gegen die umgebende See.
Die Luft über der Insel erhitzt sich, dehnt sich aus, und zwar im wesentlichen nach oben. Damit wird die über der Insel liegende Luftsäule höher. Wie Abbildung 38 zeigt, fließt die Luft in der Höhe nach allen Seiten ab, die über der Insel liegende Luftmasse wird damit geringer, und der Luftdruck sinkt. Über der Insel ist nun ein Tiefdruckgebiet (T) entstanden.

- Also: Wird ein Teil der Erdoberfläche mehr erwärmt als seine Umgebung, so entsteht über ihm ein Tiefdruckgebiet.

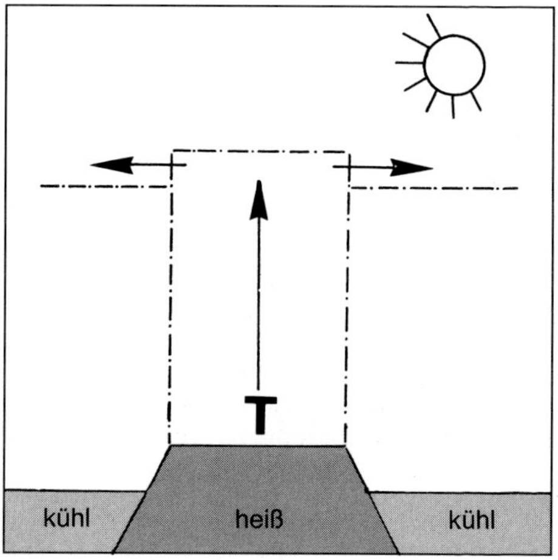

38 *Insel im Meer unter Sonnenbestrahlung*

Nachts, wenn die Ausstrahlung beginnt, gibt die Erdoberfläche, wie wir bereits wissen, ihre Wärme schneller ab als das Meer, die Luft über der kühlen Insel sinkt zusammen, in den obersten Schichten strömt, wie in Abbildung 39, Luft zu, die Gesamtsäule wird schwerer, es bildet sich über der Insel ein Hochdruckgebiet (H).

- Also: Wird ein Teil der Erdoberfläche stärker abgekühlt als seine Umgebung, so entsteht über ihm ein Hochdruckgebiet (Antizyklone).

Damit ist aber das Gleichgewicht in der Atmosphäre gestört, es kommt zu Luftbewegungen.
Betrachten wir zunächst die Luftbewegungen im ersten Fall:
Die über der Insel aufgeheizte Luft wird leichter, steigt auf.
In das Tief strömt von allen Seiten Luft ein. Die in großen Höhen vom Tief wegströmende Luft sinkt über dem Meer wieder ab, um dann an der Meeresoberfläche wieder in das Tief einzuströmen.

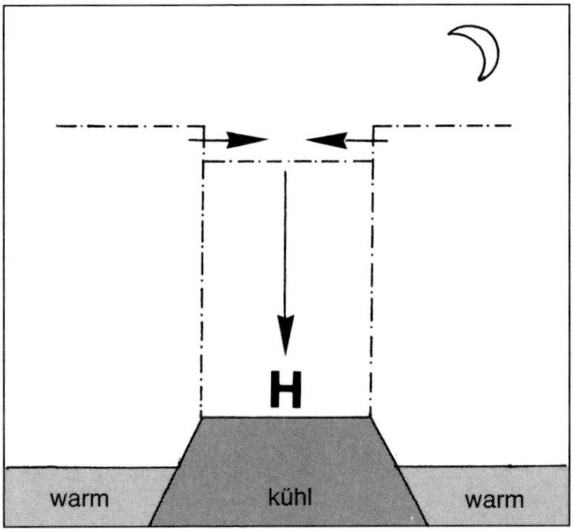

39 *Insel im Meer nach Aufhören der Bestrahlung*

Es entsteht ein Kreislauf, der so lange anhält, wie die Heizplatte Insel angestellt ist, das heißt die Insel heißer ist als das umgebende Meer. Über einem H sinkt die Luft ab, an der Erdoberfläche strömt Luft nach allen Seiten weg zum Meer, über dem nun ja tieferer Druck herrscht als über der Insel. In großen Höhen strömt Luft in das Hoch ein. Sie wird immer wieder ergänzt durch die über dem Meer aufsteigende Luft.

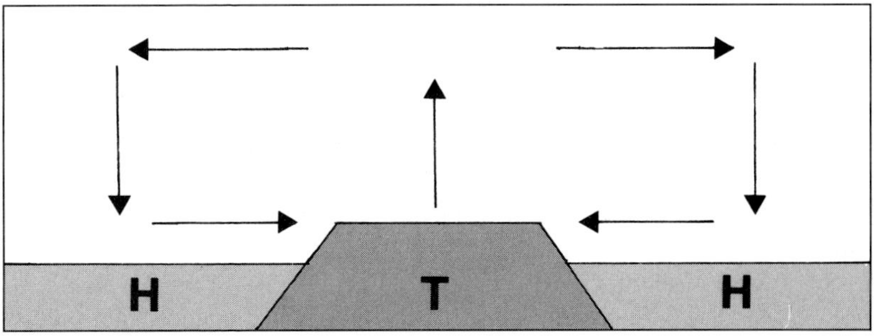

40 *Thermisches Tief*

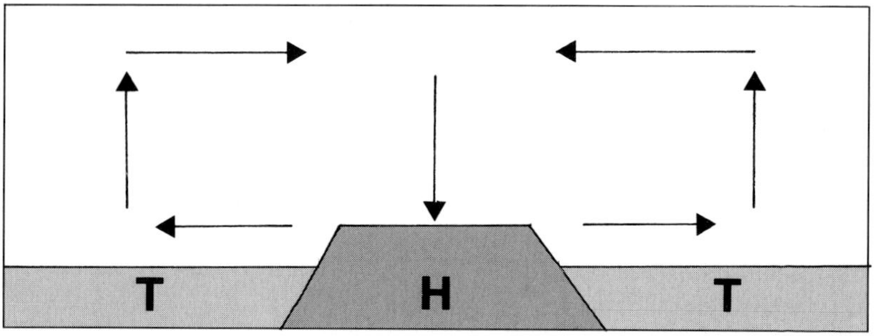

41 *Thermisches Hoch*

Die Abbildungen 40 und 41 sind stark überzeichnet. In Wirklichkeit sind die horizontalen Luftbewegungen viel kräftiger als die vertikalen.
Was gilt nun also von den horizontalen Luftbewegungen, den Winden an der Erdoberfläche?

- In ein Tief strömt die Luft von allen Seiten ein. Aus einem Hoch strömt die Luft nach allen Seiten aus.

Um die Windrichtungen genauer zu bestimmen, müssen wir noch mehr von der Theorie des Windes wissen.

Land- und Seewind

Im kleinen, mit halbtäglichem Wechsel, wiederholt sich dies an unseren Küsten als Land- und Seewind.
Am Morgen beobachten wir bei schönem Wetter einen schwachen ablandigen Wind, der gegen Mittag einschläft. Nach Mittag kommt dann von See eine kühlende Brise, die sich verstärkt, um gegen Abend wieder abzuflauen.
Das erklärt sich leicht. Über dem Land bildet sich infolge der starken Sonnenstrahlung ein Tiefdruckgebiet, in das die Seebrise einströmt (Abbildung 42). Nach Sonnenuntergang gleichen sich die Temperaturgegen-

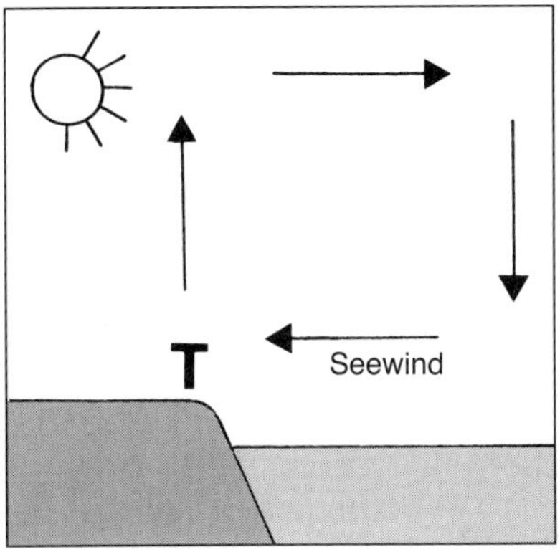

42 *Seewind*

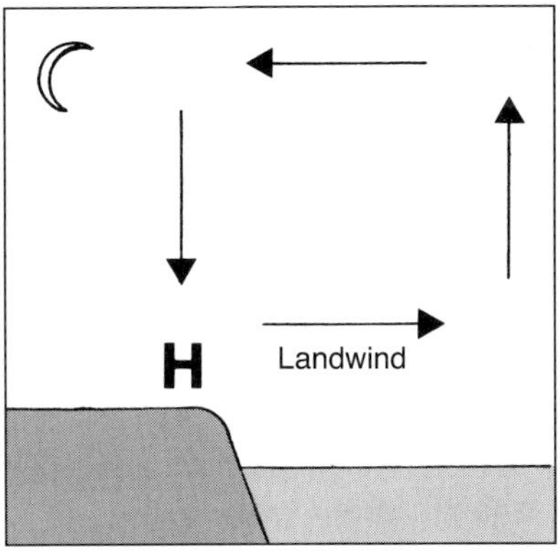

43 *Landwind*

sätze aus, der Wind flaut ab. Nachts, mit zunehmender Abkühlung des Festlandes, setzt der Landwind ein, der seine größte Stärke vor Sonnenaufgang erreicht (Abbildung 43).

Wo werden diese Winde am ausgeprägtesten sein? Dort, wo der Gegensatz zwischen Tag- und Nachttemperatur am größten ist, also in niederen Breiten.

Wir beobachten Land- und Seebrise an unseren Küsten an ruhigen, heiteren Sommertagen, an denen keine atmosphärischen Störungen großräumig wirken.

In Häfen können wir unter den geschilderten Umständen günstig am Tage einlaufen, nachts auslaufen.

Die Ablenkung des Windes

Betrachten wir die Entstehung eines Windes noch einmal genauer: Würde die Erde sich nicht drehen, würde die Luft aus dem Hochdruckgebiet auf dem kürzesten Weg in das Loch, das Tiefdruckgebiet, einströmen, so wäre der Luftdruckunterschied schnell ausgeglichen.

Die Erde dreht sich aber, und das hat folgende Wirkung auf alle auf der Erde vor sich gehenden Bewegungen:

- Alle sich horizontal bewegenden Körper werden auf Nordbreite nach rechts, auf Südbreite nach links von der Bahn abgelenkt, die sie auf ruhender Erde haben würden.

Diese Ablenkung durch die Erdrotation ist nicht überall auf der Erde gleich groß. Am Äquator ist sie gleich Null und wächst mit der geographischen Breite an.
Physikalisch gesehen kann eine Ablenkung – eine Richtungsänderung – nur durch eine Kraft hervorgerufen werden. Die durch die Erddrehung erzeugte Richtungsänderung wird *Coriolis-Kraft* genannt. Sie wächst mit der Geschwindigkeit eines Luftteilchens an und wirkt auf der Nordhalbkugel immer rechtwinklig nach rechts auf das sich bewegende Teilchen (nach links auf der Südhalbkugel).
Setzt sich also ein Luftteilchen in Bewegung und will es entsprechend dem Luftdruckgefälle (genauer: entsprechend der Luftdruck-Gradientkraft) vom Hoch zum Tief strömen, so wächst die Coriolis-Kraft so lange an, bis sie ins Gleichgewicht mit der Gradientkraft kommt. Sie dreht dabei die Teilchenbahn aus der Richtung vom Hoch zum Tief, und zwar parallel zu den Isobaren.

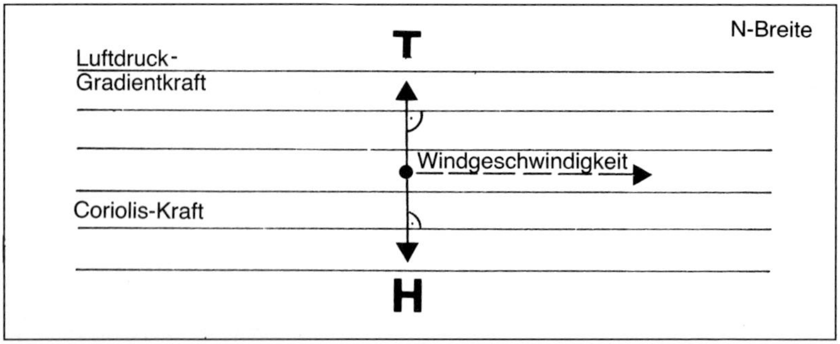

44 *Kräfte zum geostrophischen Wind*

Zeichnet man die Kräfte als Pfeile, dann entsteht das, was Abbildung 44 zeigt. Die Luft wird unter dem Einfluß der Gradientkraft und der Coriolis-Kraft parallel zu den Isobaren bewegt.

Betrachten wir eine Wetterkarte, so können wir als erstes folgendes feststellen:

- Der Wind weht parallel zu den Isobaren.
- Der Wind weht rechtwinklig nach rechts, wenn man vom hohen zum tiefen Druck blickt (Nordhalbkugel).

Auf diese Weise läßt sich der Weg einer Luftmasse in der Wetterkarte leicht erkennen. Der Wind, der parallel zu den Isobaren weht, heißt *geostrophischer* Wind.

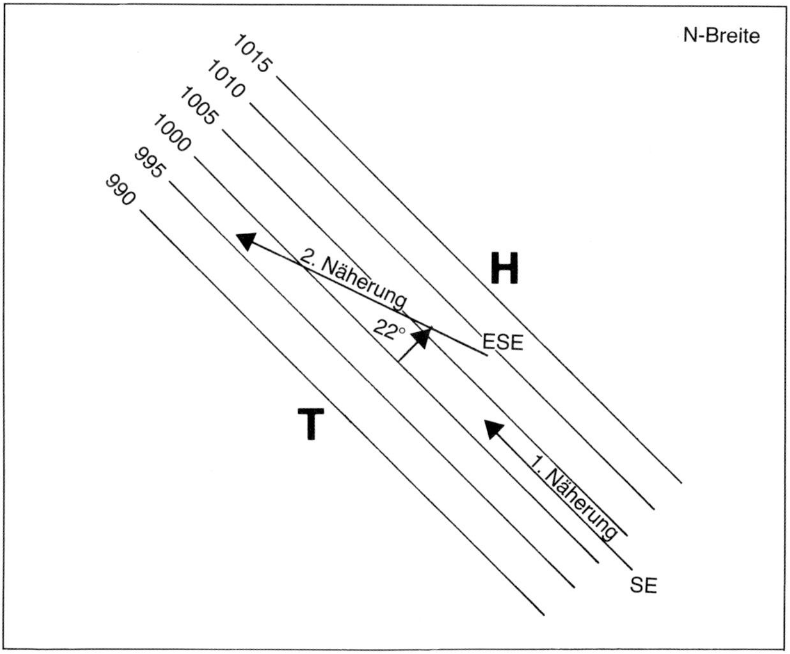

45 *Bestimmung der Windrichtung in der Wetterkarte*

Die Reibung zwischen der Erdoberfläche und der Luft wird erst ab 500 m Höhe vernachlässigbar klein. Dort läßt sich der geostrophische Wind genauer angeben. In Erdbodennähe verringert die Reibung die Windgeschwindigkeit und verhindert, daß der Wind parallel zu den Isobaren weht. Daraus ergibt sich für einen genaueren Blick auf die Wetterkarte die zweite Folgerung für die Windrichtung:

- Die Windrichtung schneidet auf See unter 22° die Isobaren und zeigt zum tiefen Druck hin.

Siehe dazu die Abbildungen 45 und 46.
Dies gilt nicht über Land. Dort kann der Winkel 30° bis 50° betragen.

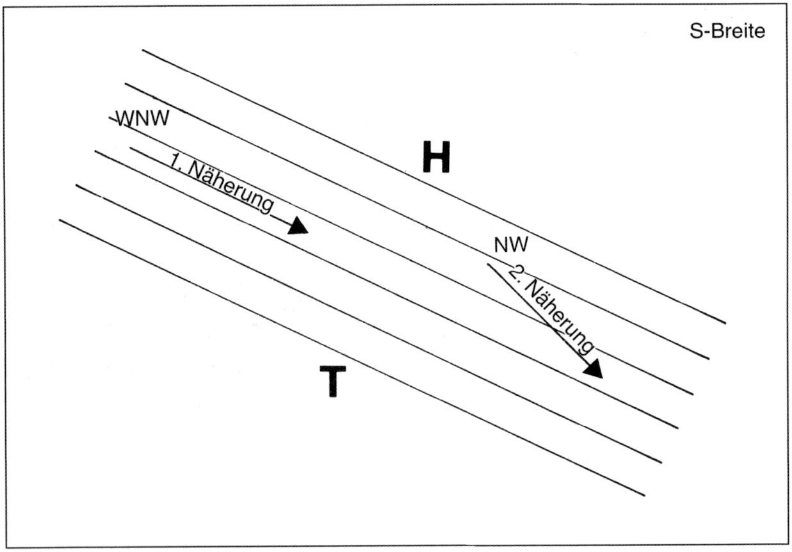

46 *Bestimmung der Windrichtung auf der Südhalbkugel*

Die Winde um Tief und Hoch

Wenden wir diese neuen Erkenntnisse auf unsere untersuchten Tief- und Hochdruckgebiete an:
Wir zeichnen die Winde um unsere Insel und ihre Ablenkung auf, und zwar für ein Tief auf Nord- und Südbreite und entsprechend auch für ein Hoch (Abbildungen 47, 48 und 49).
Dann stellen wir fest:

- Der Wind strömt in ein Tief in Spiralen ein. Dies erfolgt auf der Nordbreite entgegen dem Uhrzeigersinn, auf der Südbreite im Uhrzeigersinn (zyklonal).
- Aus einem Hoch strömt der Wind in Spiralen aus. Dies geschieht auf Nordbreite im Uhrzeigersinn, auf Südbreite entgegen dem Uhrzeigersinn (antizyklonal).

Daraus folgt eine alte Windregel, die von dem Niederländer Buys-Ballot

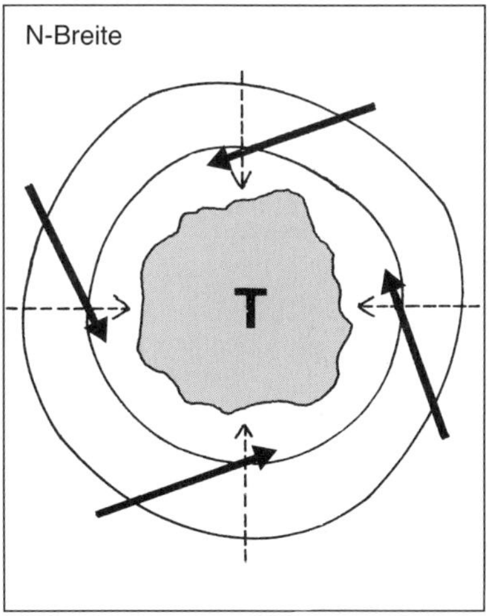

47 *Winde an einem Tief auf Nordbreite*

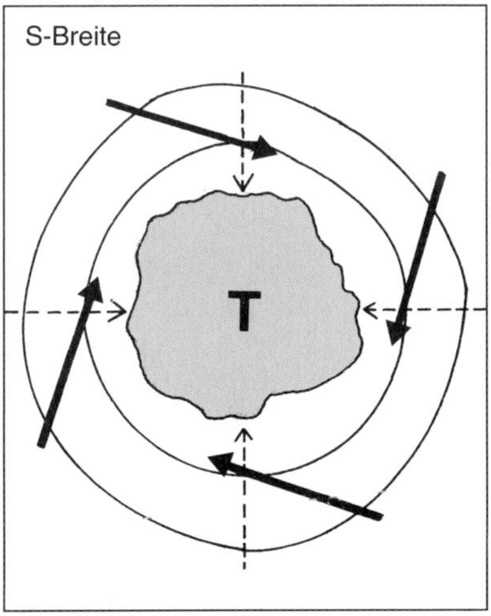

48 *Winde an einem Tief auf Südbreite*

49 *Winde an einem Hoch auf Nordbreite*

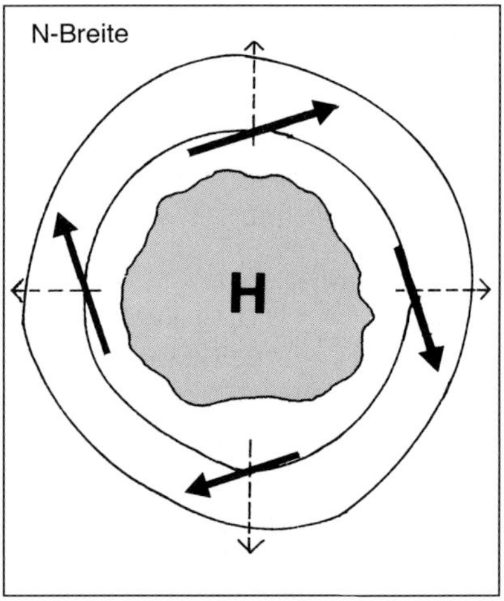

stammt (Abbildung 50). Mit ihr kann man vom beobachteten Wind auf die Lage des Tiefs schließen (Barisches Windgesetz):

- Stellt man sich mit dem Rücken gegen den Wind, so liegt das Tief auf Nordbreite links, etwas vorlicher als quer (dwars), auf Südbreite rechts, etwas achterlicher als quer.

Wir wollen diese Windregel durch eigene Beobachtungen und an den Windrichtungsangaben in den Wetterkarten recht oft nachprüfen und bestätigen.

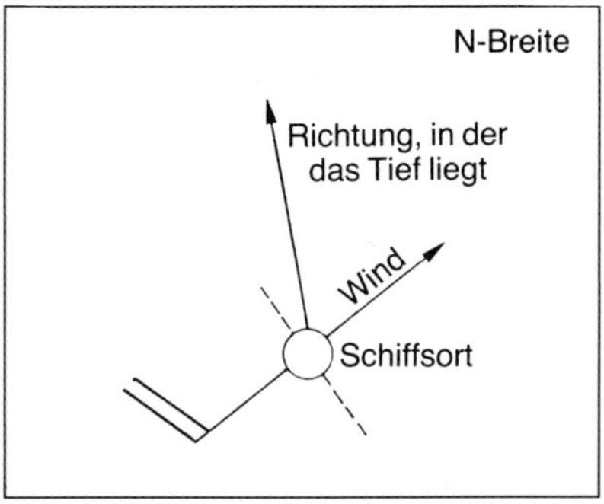

50 *Buys-Ballotsche Windregel*

Nun zurück zum Tief, und zwar zu der aufsteigenden Luft. Auf Grund unserer Kentnisse können wir darüber noch mehr aussagen.
Jede Luft enthält ja Wasserdampf.
Wenn die Luft aufsteigt, kommt sie unter niedrigeren Druck, sie kühlt sich also dynamisch ab. Ihre absolute Feuchte bleibt dieselbe, aber die Sättigungsfeuchte wird kleiner, die relative Feuchte also größer. Schließlich wird sie 100 % relative Feuchte erreicht haben. Steigt die Luft noch weiter, kondensiert ein Teil des Wasserdampfes, es bilden sich Wolken, eventuell wird es regnen (Abbildung 51). Wir halten fest:

- Tiefdruckgebiete sind Schlechtwettergebiete.

Über einem Hoch dagegen sinkt die Luft ab, sie erwärmt sich, weil sie unter höheren Druck kommt. Sie wird also relativ trockener, weil die Sättigungsfeuchte steigt. Etwa vorhandene Wolken werden sich auflösen, weil die Luft nun mehr Wasserdampf aufnehmen kann. Ein klarer, wolkenloser Himmel ist zu erwarten. Wir stellen fest:

- Hochdruckgebiete sind Schönwettergebiete.

Diese T und H nennt man „thermische“, weil sie allein durch die verschiedene Erwärmung zustande kommen.
Mit diesen Feststellungen haben wir auch den Schlüssel zum Verständnis der Passate, Monsune, Land- und Seewinde in Händen.

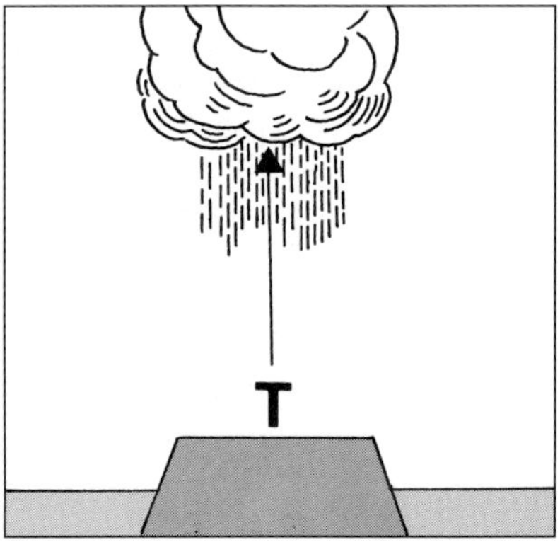

51 *Tiefs können Schlechtwettergebiete sein*

Welche Windstärken können eintreten?

Die Stärke des Windes hängt von vier Größen ab:

- Luftdruckgefälle, also vom Abstand der Isobaren
- Größe der ablenkenden Kraft der Erdrotation, also von der Breite
- Reibung an der Erdoberfläche
- Krümmung der Windbahn

Für unsere Breiten (50° N) gilt folgende Faustregel:

Abstand der 5-hPa-Isobaren in Seemeilen	*reiner geostrophischer Wind in Beaufort*	*angenäherter Bodenwind in Beaufort*
300	4	3
200	5	4
100	8	6

Die Windstärke nimmt mit der Höhe zu, da die Reibung abnimmt. Auf See hat man größere Windstärken zu erwarten als über Land. Störungsgebiete, wie die Orkane, erlöschen schnell, sobald sie über Land kommen. Auf amerikanischen Wetterkarten-Vordrucken findet sich eine graphische Darstellung, in die man mit dem Isobarenabstand hineingeht und die Windgeschwindigkeit zur jeweiligen geographischen Breite herausnimmt. Der so gewonnene geostrophische Wind wird mit einer zweiten Skala auf 65 % verringert und näherungsweise als wahrer Bodenwind bezeichnet. Entsprechendes ist in obiger Tabelle vermerkt.
In den vom Deutschen Wetterdienst – Seewetteramt – in Hamburg herausgegebenen Bordwetterkarten Nr. 9 (für Nord- und Ostsee) und Nr. 11 (Mittelmeer) ist für 55° Nord beziehungsweise für 40° Nord ein geostrophisches Windlineal für einen Isobarenabstand von 10 hPa eingezeichnet (siehe Abbildungen 106 und 107 unten rechts in der Ecke).

Beeinflussung des Windes durch gebirgige Küsten

Der Wind auf offener See und der an einer angrenzenden gebirgigen Küste können sehr verschieden sein. Entsprechend dem gebirgigen Verlauf und der Anströmungsrichtung baut sich ein spezifisches Windfeld vor der Küste auf. Die daraus resultierenden Windgeschwindigkeiten und -richtungen sind sehr schwer zu bestimmen. Durch die Einrichtung kleinerer Vorhersagegebiete soll das Problem gelöst werden. Beispiele dafür sind unter anderem die Vorhersagegebiete N2 und N3 vor der norwegischen Küste (Utsira) oder die Unterteilung B13 und B14 von Kattegat und Skagerrak (Abbildung 92).
Aber auch diese Einteilung kann nur als ein sehr grobes Raster angesehen werden. In den einzelnen Gebieten weht kein einheitlicher Wind. Hier kann nur die eigene Beobachtung helfen.
Ausgehend von den geographischen Verursachern für die Windänderungen unterscheiden wir:

- Steilküsteneffekt
- Kapeffekt
- Düseneffekt
- Inseleffekt

Steilküsteneffekt

Steht einer Luftströmung eine Steilküste entgegen, so wird die Luft horizontal am Gebirgsrand entlanggeführt und vertikal zum Aufsteigen gezwungen. Dabei können folgende Windverhältnisse entstehen: eine Zone mit auflandigem Wind, eine mit küstenparallelem, verstärktem Wind und direkt unter der Küste schwacher, ablandiger Wind.

Kapeffekt

Endet eine Steilküste in einem Kap, so wird sich die an ihr aufgebaute Zone verstärkten Windes nicht aufheben. Sie wird sich über das Kap hinaus in ein beschränktes Gebiet fortsetzen.

52 *Wind an gebirgigen Küsten:*

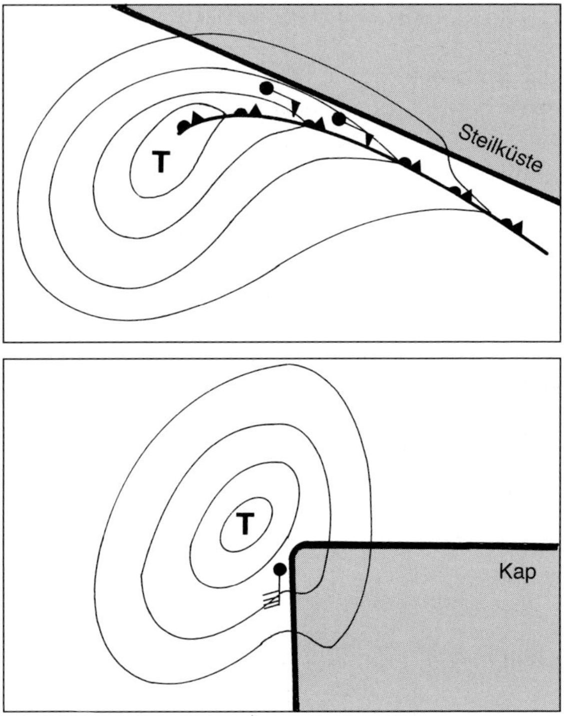

Steilküsteneffekt, verstärkt durch Tief

Kapeffekt, verstärkt durch Tief

Düseneffekt

Düsenartige Effekte treten immer dann auf, wenn ein Gebiet mit hohem Druck von einem Gebiet mit niedrigem Druck durch ein Gebirge getrennt ist und der Druck über einen Einschnitt ausgeglichen wird. Einschnitte können sein Meerengen (z. B. Straße von Gibraltar), Flußtäler wie das Rhônetal oder auch Fjorde.

Inseleffekt

Eine Insel im Wind ähnelt strömungstechnisch einem fahrenden Auto. An den Rändern verstärkt sich der Wind, auf der windabgewandten Seite

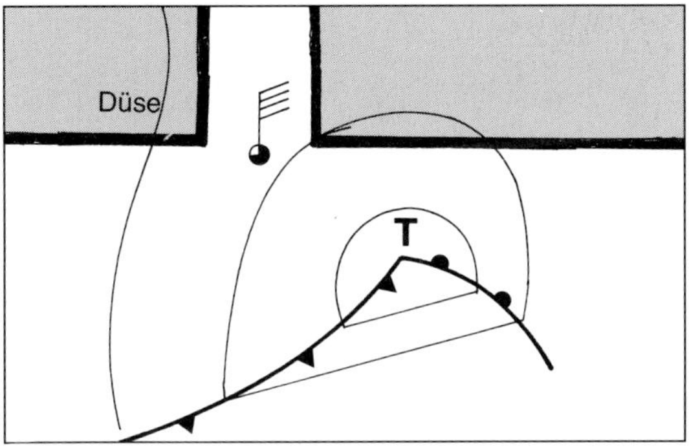

Düseneffekt, verstärkt durch Tief

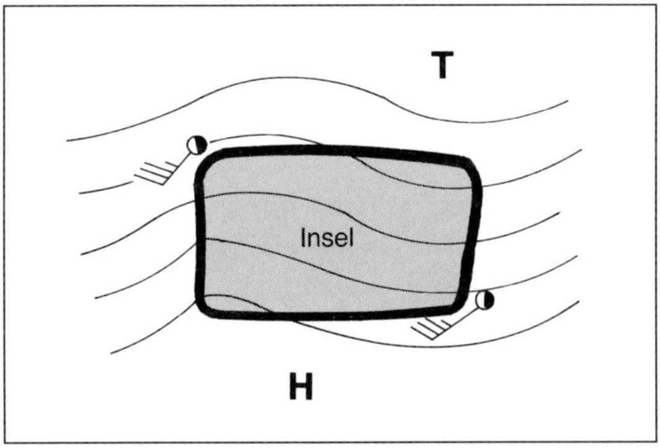

Inseleffekt

kommt es zu Leewirbeln. Die Ausfahrt aus einer Bucht kann sich ähnlich gestalten, als wenn man eine Hand aus dem Fenster in den Fahrtwind hält. Das Schiff kommt plötzlich in starke Winde.

Treten die genannten Effekte auf, sollte man mit 1 bis 2 Windstärken mehr rechnen. Sturmstärke können die Winde erreichen, wenn die genannten Effekte durch ein vorbeiziehendes Tief verstärkt werden. Abbildung 52 zeigt solche Fälle. Besonders heimtückisch kann die Situation dadurch werden, daß das Tief nur kurzzeitig in einer Position ist, die hohe Windstärken verursacht.

Warme und kalte Fallwinde

Bei geeigneter, großräumiger Druckverteilung stellt ein Gebirge kein Hindernis für eine wandernde Luftmasse dar. Ein ausgedehntes, kräftiges Tief vor dem Hindernis, z. B. vor den Alpen, und hoher Druck dahinter zwingen die Luft, das Gebirge zu überströmen. Erwärmt sich die ankommende Luft auf der Leeseite, haben wir es mit einem warmen, föhnartigen Fallwind zu tun. Kühlt sie sich ab, sprechen wir von einem kalten, boraartigen Fallwind.

Die Zustandsänderung der Luft beim Aufsteigen und Herabsinken läßt sich gut am Föhn studieren:

- Trockene Luft kühlt sich beim Aufsteigen um 1°C auf 100 m ab.
- Feuchte Luft kühlt sich im Bereich der Wolkenbildung nur um 0,6°C auf 100 m ab, da beim Kondensieren die Verdunstungswärme wieder frei wird.
- Absteigende Luft erwärmt sich um 1°C auf 100 m.

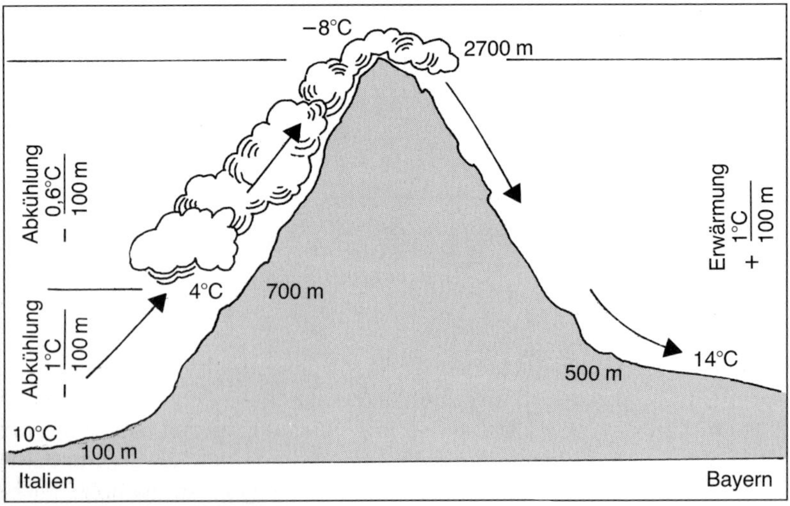

53 *Entstehung des Föhns*

Die Luft kommt also auf der Leeseite mit 14 °C am Boden an. Abbildung 53 zeigt die Prozesse. Herrschten vorher Minusgrade, kommt es jetzt zu einem großen Temperatursprung. Zusätzlich wird die Luft unangenehm trocken.

Eine entgegengesetzte Wirkung hat ein boraartiger Fallwind. Liegt Luft von –20 °C auf einer Hochebene und stürzt sie dann die Hänge hinunter, so erwärmt sie sich ebenfalls um 1 °C auf 100 m. Bei 2000 m kommt die Luft unten mit 0 °C an (Abbildung 54). Betrug die Lufttemperatur vorher 8 bis 12 °C (Wassertemperatur der Adria im Februar), kühlt es sich jetzt merklich ab.

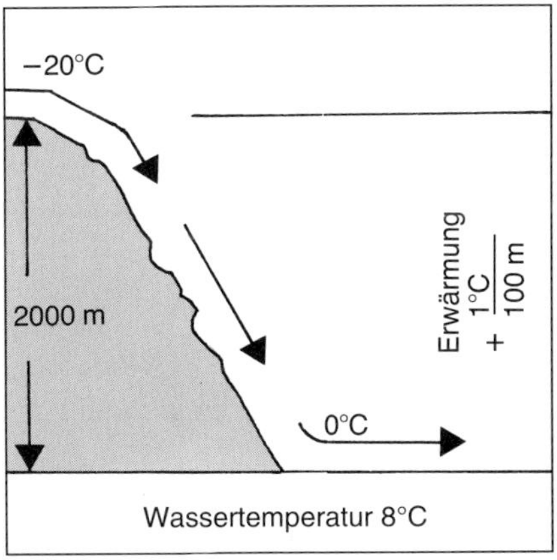

54 *Fallwind*

Gewitterwinde

Von den elektrischen Erscheinungen in einem Gewitter haben wir bereits gesprochen. Gewitter entstehen als *Wärmegewitter* bei starker Erhitzung des Erdbodens im Sommer, vorausgesetzt, daß die Luft feucht ist (Schwüle vor dem Gewitter!), oder an der Luvseite eines Gebirges, das feuchtwarme Winde zum plötzlichen Aufsteigen zwingt, oder bei einem Kaltlufteinbruch, der ruhende feuchte Warmluft zu plötzlichem Aufsteigen bringt. In letzterem Fall, der im Sommer wie im Winter auftreten kann, sprechen wir von *Frontgewittern.*

Mit Wärmegewittern werden wir im Sommer oft Bekanntschaft machen müssen. Wenn an heiteren, windstillen Tagen die unteren Luftschichten durch die Erhitzung der Erdoberfläche sehr warm werden, entsteht eine labile Luftschichtung, die bei geringstem Anlaß zu einem Aufsteigen der überwärmten Luft führen kann. Je feuchter diese Luft ist, desto eher kondensiert der Wasserdampf, den sie enthält. Es entstehen hochsteigende Wolkentürme. Die bei der Kondensation freiwerdende Wärme liefert neue Auftriebsenergie, so daß die Wolken in größte Höhen wachsen. Wenn die Cumulustürme die kalte Höhenluft erreicht haben, werden sie zu Eiswolken. Den Quellkopf umgibt dann oben ein ausgedehnter Schirm von Cirruswolken.

In diesem Wolkenturm erfolgen so starke elektrische Aufladungen, daß der Ausgleich durch mächtige Blitze herbeigeführt wird. Aus der Wolke stürzt dabei ein unglaublich starker Regen herab, eventuell auch Graupeln und Hagel (Wolkenbruch).

Die meisten Gewitter wandern. Bei uns ziehen die Gewitter in der Regel mit den Höhenströmungen von West nach Ost. Steht also eine Gewitterwolke östlich von uns, wird sie für uns wahrscheinlich keine Gefahr bringen, da sie sich von uns entfernt. Gefährlich werden uns die Gewitter, die im Westen stehen.

Die Gewitterwolke selbst ist eine mächtige Cumuluswolke, unten umgeben von dunklen Regenwolken, die oft wie ein großer Bogen über einem Teil des sonst noch hellen Himmels liegen (Böenlinie, *Böen„kragen“* nach seinem Aussehen genannt). Die Böenwolke rührt daher, daß sich in der Gewitterwolke abwärts gerichtete Luftströme bilden, die unter der Wolke hervorschießen, Wolkenfetzen herausreißen und herumwirbelnd die Böenwolke erzeugen (Abbildung 55).

Was sehen wir herankommen?

Zunächst sehen wir als Vorboten eines aufziehenden Gewitters im Westen aufgetürmte Haufenwolken mit Kappen stehen, über denen sich allmählich ein mächtiger Schirm von Cirruswolken bildet. Es gehen leichte östliche Winde.

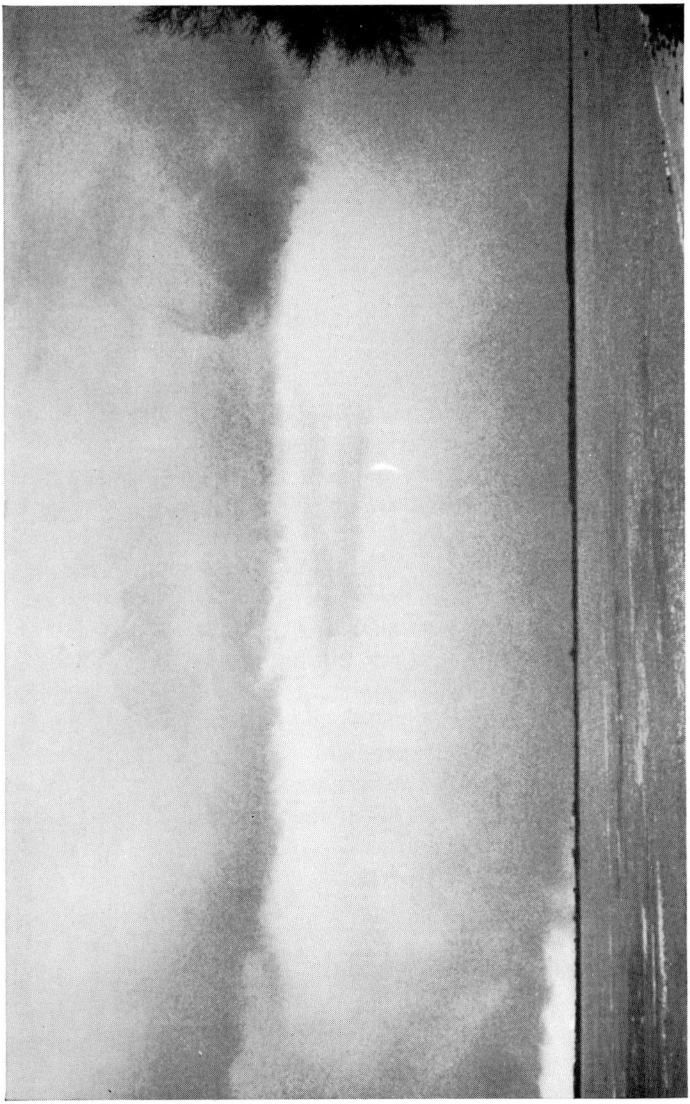

55 *Gewitterwolken mit Böenkragen*

Wenn der Böenkragen den Zenit erreicht hat, das heißt, wenn wir gerade unter dem Böenkragen sind, haben wir starke Windstöße zu erwarten, denen dann bald weitere Böen unter der eigentlichen Gewitterwolke folgen, die Regenschauer mit Hagel, Blitz und Donner bringt. Ist das vorbei, wehen zunächst noch frische Westwinde, und dann tritt wieder das schöne Wetter ein, das wir vorher hatten. Das Gewitter hat „das Wetter nicht umgeworfen".

Wasserhosen

Gelegentlich bilden sich in der Atmosphäre Wirbel mit vertikaler Achse: Tornados in Amerika und Tromben in Mitteleuropa. Die europäischen Tromben sind im Vergleich mit den Tornados kleinräumiger. Sie werden über Land *Windhosen* genannt. Über dem Meer kennt man sie als *Wasserhosen* (Abbildung 56).

Wasserhosen treten auch in der Nordsee auf. Sie vermitteln ein ganz eigenartiges Gefühl. Plötzlich senkt sich aus einem dunklen Gewölk eine Art Rüssel herab und läßt das Wasser an seinem Ende kreisförmig hochsteigen. Der Rüssel tanzt hin und her, auf und nieder. Unerwartet tauchen aus dem dunklen Himmel ein zweiter und dritter Rüssel auf. Das Bild erinnert unwillkürlich an das Füttern von Elefanten im Zoo, bloß daß man sich selbst wie eine Erdnuß vorkommt.

Wasserhosen haben einen Durchmesser von bis zu 200 m. Sie leben höchsten 20 Minuten. Häufig treten sie zu mehreren auf. Auslöser für ihr Entstehen sind unter anderem warme Wassertemperaturen und in verschiedene Richtungen strömende Winde.

Dynamische Hochdruckgebiete

Auf der Erde in ungefähr 30° Nord und 25° Süd befindet sich ein Gürtel, bestehend aus einzelnen dynamischen Hochdruckgebieten. Dies sind die *Kalmen* (Windstillen) der *Roßbreiten.* Sie entstehen dadurch, daß die

56 *Wasserhose*

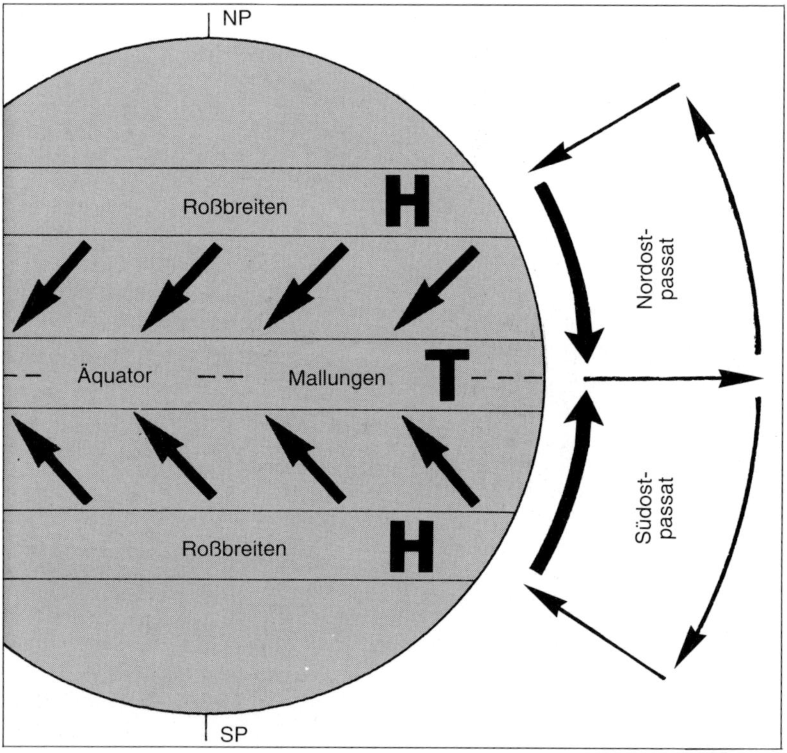

57 *Windsystem der niederen Breiten*

Luft am Äquator aufsteigt und zum Pol hin abfließen will (Abbildung 57). Nun wird die Kugelfläche vom Äquator zum Pol hin immer kleiner, und die Luft staut sich auf dem Wege zum Pol. Dieser Luftstau in der Höhe bewirkt am Boden den subtropischen Hochdruckgürtel der Roßbreiten Er zerfällt in einzelne Zellen. Eine davon ist unser Azorenhoch.
Entgegen der landläufigen Meinung steigt die Luft in diesen warmen, dynamischen Hochdruckgebieten nicht auf, sondern ab.

Passat

Wer schon in der Passatregion gesegelt ist, weiß, wie gleichmäßig der Passat zu jeder Jahreszeit weht, sowohl in seiner Richtung als auch in seiner Stärke. Diese Winde gehören zu einem die Erde umspannenden Windsystem, das die Meteorologen das *planetarische* nennen.
Sehen wir von der in Wirklichkeit unregelmäßigen Verteilung von Land und See ab, und nehmen wir einmal an, daß nur Meer unseren Planeten bedeckt. Dann wird doch immer die Zone um den Äquator herum am meisten erwärmt werden, über der Äquatorzone wird eine Tiefdruckrinne liegen müssen. Im Tief selbst sind keine ausgeprägten Winde zu erwarten, nur aufsteigende Luft. Diese wird warm und wasserdampfreich sein. Was folgt? Starke Bewölkung, Regenreichtum, starke Gewitter, nicht ganz klare Luft, Dunst. Dem Segler bringt dieser Gürtel unangenehme Flauten oder nach Richtung und Stärke ganz unbeständige – *mallende* – sehr leichte Winde. Diese Zone nennen die Seeleute Kalmen, Mallungen oder Doldrums (Abbildung 57).
In diese äquatoriale Tiefdruckrinne strömen von Nord und Süd Winde ein, die wegen der Ablenkung durch die Erdrotation nordöstlich und südöstlich wehen: der *Nordostpassat* und der *Südostpassat.* Sie kommen aus 25° bis 35° Breite. Dort liegen Zonen hohen Drucks, die *Roßbreiten,* in denen wieder Flaute oder mallende Winde zu erwarten sind, aber wolkenloser Himmel, nachts funkelnde Sternenpracht, große Regenarmut. Dieses schöne Wetter ist dem Segler, der tage- und wochenlang in diesen Roßbreiten in der langen Dünung schlingerte und nicht vorankam, schon oft zum Überdruß geworden.
Dieses Windsystem – Kalmen, Passate, Roßbreiten – wandert naturgemäß mit der Sonne im Sommer nördlich, im Winter südlich, aber nur um etwa 5° bis 8°, und zwar bleibt es ein volles Vierteljahr gegen die Sonne zurück, so daß die nördlichste Lage erst im September, die südlichste im März erreicht ist.
Die mittleren Grenzen des Nordostpassats liegen im Nordatlantik im September auf 10° bis 35° N, im März auf 3° bis 25° N.
Der Roßbreitengürtel zerfällt im Sommer in einzelne Hochdruckgebiete

über den Ozeanen, während über den Festlandsgebieten bei der starken Erwärmung niedrigerer Luftdruck herrscht. So zeigen die Karten mittlerer Luftdruckverteilung im Juli ein H über den Azoren, das *Azorenhoch, nordatlantische Antizyklone* genannt.
Wie diese aus der Theorie gewonnenen Zonen durch die ungleichmäßige Verteilung von Land und See in Wirklichkeit aussehen, studiere man in den Monatskarten oder anderen Tafelwerken, die vor jeder Reiseplanung heranzuziehen sind.
Im Nordatlantik in Äquatornähe hat beispielsweise das Gebiet mit der prozentualen Beständigkeit der Windrichtungen im Winter Dreiecksform. An der afrikanischen Küste ist dieses Gebiet breit und mit 40 Prozent wenig beständig, während es vor der amerikanischen Küste sehr schmal ist und in 90 Prozent der Zeit nur ein und dieselbe Windrichtung vorherrscht. Nachdem aus jahrhundertelanger Erfahrung solche Beobachtungen gesammelt und bekannt gemacht worden waren, konnte die Segelschiffahrt ihre Routen so günstig wie möglich wählen. Bei einer Reise von Europa nach Südamerika segelten die Schiffe nicht nur südwestliche Kurse, sondern gingen in dem besprochenen Gebiet sogar auf südöstliche Kurse. Damit wurde der monsunartige Wind unter der afrikanischen Küste genutzt.

Monsun

Die Verteilung von Land und See bringt Luftströmungen, die im Sommer und Winter entgegengesetzt gerichtet sind, *periodische* Winde, die *Monsune.* Man nennt derartige periodische Winde auch *terrestrische* Winde, weil sie von der Landverteilung auf der Erde diktiert sind.
Im Winter kühlt sich das Festland viel mehr ab als das angrenzende Meer; es entsteht über dem Festland ein Hochdruckgebiet, aus dem die Luft nach allen Seiten abströmt. Im Sommer dagegen wird dasselbe Festland stark erhitzt; es entsteht ein Tiefdruckgebiet über Land, in das von allen Seiten Luft vom Meer einströmt.

Das bekannteste Beispiel ist der *indische* Monsun. Wie muß er im Sommer im Arabischen Meer wehen?
Über dem Festland, besonders über Tibet, liegt im Sommer ein Tief, über dem Meer ist der Luftdruck höher. Es muß daher ein Süd-Nord wehender Wind entstehen, der durch Erdrotation nach rechts abgelenkt wird und aus Südwest kommt.
Dieser *Südwestmonsun* im Arabischen Meer weht mit großer Heftigkeit mit 6–8 Bft (Abbildung 58 links). Als Meereswind ist er sehr feucht. Wenn er auf die Küstengebirge Vorderindiens trifft und zum Aufsteigen gezwungen wird, bringt er starke Niederschläge.
Im Winter liegt wegen der Abkühlung ein starkes Hoch über Sibirien, aus dem die Luft nach allen Seiten abströmt. Im Arabischen Meer weht daher, nach rechts abgelenkt, der *Nordostmonsun* (Abbildung 58 rechts), freilich lange nicht so heftig, weil das Kältezentrum und Hoch in Sibirien liegt, das Luftdruckgefälle zum Meer hin also viel schwächer ist. Mittlere Windstärke: 4 Bft. Als Landwind ist er sehr trocken und führt wenig Wolken mit sich.

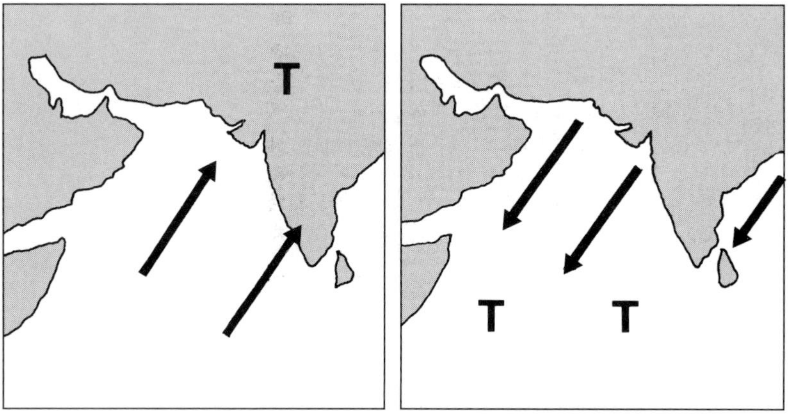

58 *Monsun über Indien*

Im Zusammenhang mit dem Monsun tritt immer wieder die Frage auf: Gibt es einen europäischen Monsun? Eigenartigerweise verkürzt sich die Antwort im allgemeinen nur auf den Begriff *Sommermonsun.* Die dafür vorgebrachte Beweiskette läuft etwa so:
Im Sommer wird das Land stärker erwärmt als das Meer, das die Wärme nur zögernd aufnimmt. Es bildet sich über Mitteleuropa ein T, während im Westen und über dem Atlantik ein H liegt (siehe Abbildung 59). Westliche Winde, durch die Erdrotation zu nordwestlichen abgelenkt, sind die Folge. Sie bringen kühle, feuchte Meeresluft, starke Bewölkung, Regen. Dieser „Monsun" bricht nach einer gewissen Anlaufzeit meist Anfang Juni durch und fällt uns, nachdem es im Mai warm war, sehr unangenehm auf die Nerven. Im Volksmund spricht man von der „Schafskälte". Er kann recht lange wehen und ist recht böig.
Gegen einen europäischen Monsun über Deutschland spricht die Tatsache, daß vom Winter auf den Sommer kein ausgeprägter Windrichtungswechsel um ungefähr 180° eintritt und daß die sommerlichen Niederschläge von einer Vielzahl durchziehender Tiefs verursacht

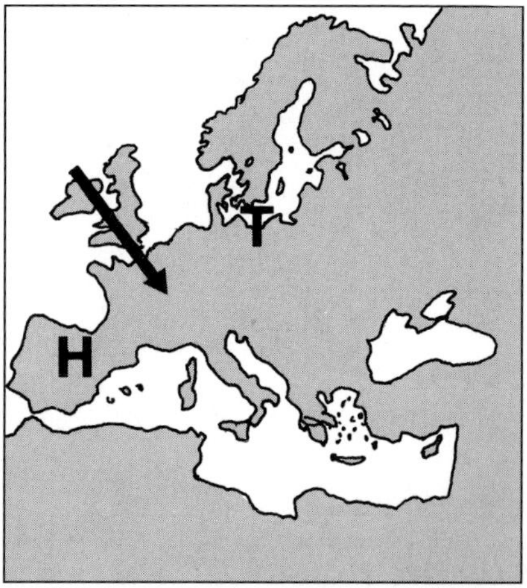

59 *Sogenannte Sommermonsunlage über Europa*

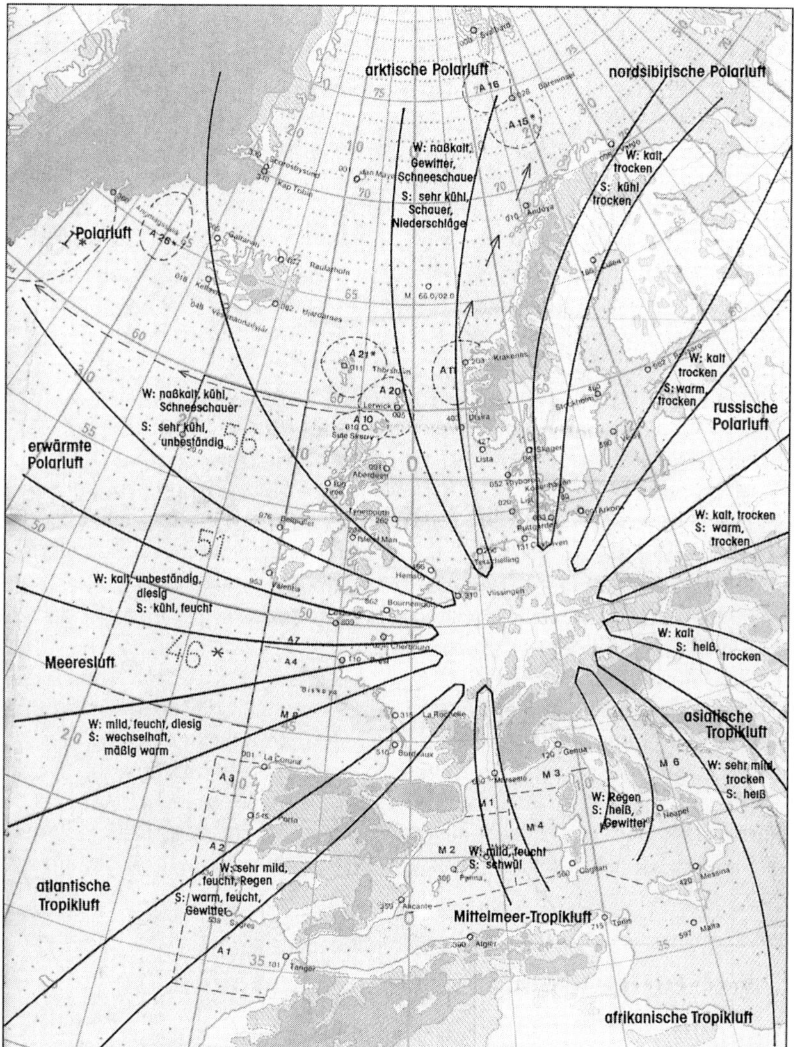

60 *Eigenschaften und Wege der nach Mitteleuropa strömenden Luftmasse (W = Winter, S = Sommer)*

werden. So bleibt nur eine Großwetterlage mit Regenwetter übrig, kein Monsun.

Luftmassen

Lagert eine Luftmasse über längere Zeit in einem großräumigen Bereich mit gleichförmiger Struktur, so nimmt sie einheitliche Eigenschaften an, unter anderem hinsichtlich Temperatur, Feuchte, optischer Eigenschaften und mitgeführter Partikel.
Die Luft über den Azoren beispielsweise ist warm, feucht und eventuell diesig: *Tropikluft,* die auf See maritim geprägt ist.
Luft aus den polaren Breiten wird durch das polare Hoch beeinflußt. Wir sprechen von *Polarluft.* Kommt sie über See zu uns, so ist es *maritime* Polarluft. Wandert sie über Land zu uns, bezeichnet man sie als *kontinentale* Polarluft.
Im Grunde genommen gibt es nur diese zwei Hauptluftmassen: Tropikluft und Polarluft. Die eigentlich dritte Hauptluftmasse ist die Luft der gemäßigten Breiten. Sie ist jedoch eine Alterungsform einer der beiden anderen Luftmassen.
Betrachtet man eine Wetterkarte, und will man sich die Entwicklung des Wetters an einem bestimmten Ort vorstellen, so ist das manchmal ganz einfach. Man muß nur darauf schauen, welche Art von Luftmasse in das Gebiet einfallen wird und auf welchem Wege sie wandert. Was eine Nord-, Ost-, Süd- oder Westlage bedeutet, weiß wohl jeder. Man muß dieses Luftmassensystem nur für sich selbst „verfeinern". Siehe dazu auch Abbildung 60.

Typische Wetterlagen in unserem Raum

Wer längere Zeit das Wetter über unseren wichtigsten Seeräumen beobachtet, wird feststellen, daß einige typische *Wetterlagen* immer wiederkehren. Wir stellen sie hier kurz zusammen.

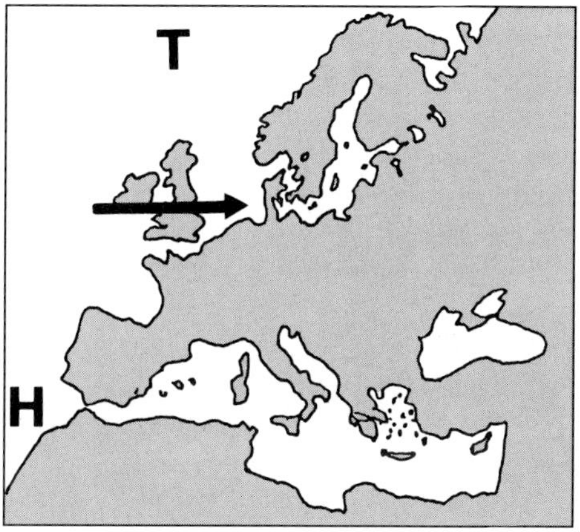

61 *West-Wetterlage*

West-Wetterlage

Diese Wetterlage (Abbildung 61) tritt bei uns zu allen Jahreszeiten auf. Unser Wetter wird dann diktiert durch das stationäre Azorenhoch und ein stationäres Tief im Raume Island, das Islandtief. Wir können es nach unseren Untersuchungen verstehen, was die Folge ist:
Auf der Westseite des Tiefs bringt Nordwind kühle Polarluft nach Süden, auf der Westseite des Hochs strömt als Südwind warme Meeresluft nach Norden. An der entstehenden Trefflinie (Frontalzone) entstehen ganze Serien von Zyklonen, die nun West – Ost ziehen und uns hier wechselhaftes Wetter in der Reihenfolge der Zyklonentheorie bescheren, also häufige Niederschläge, von kürzeren Aufheiterungen unterbrochen, und lebhafte Winde.

Ost-Wetterlage

Liegt umgekehrt ein stationäres Hoch im Norden, etwa über Skandinavien, und ein Zentraltief im Süden, über dem Mittelmeer, so kommen die

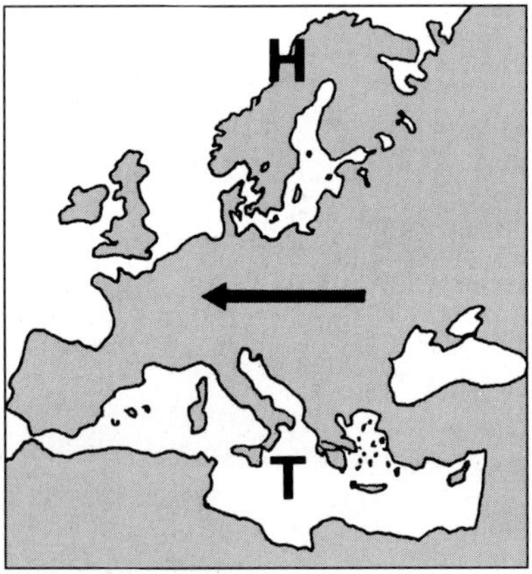

62 *Ost-Wetterlage*

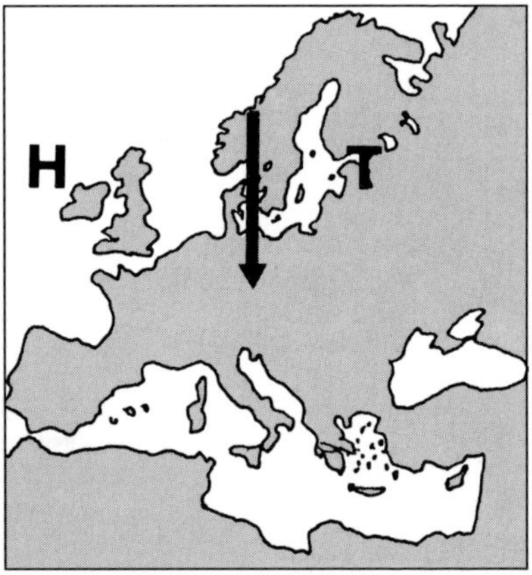

63 *Nord-Wetterlage*

aus dem Osten herangeschafften Luftmassen von der Festlandseite her (Abbildung 62), sind kontinental, das heißt trocken und im Sommer sehr heiß, im Winter sehr kalt. Wir haben daher im Sommer mit Hitze und Trokkenheit, im Winter mit sehr großer Kälte zu rechnen. Diese Lage ist meistens recht dauerhaft.

Nord-Wetterlage

Anders herum! Jetzt haben wir ein festliegendes Hoch über dem Atlantik und England, ein Zentraltief über Ostsee und baltischem Raum (Abbildung 63). Die herangeführte polare Kaltluft bringt Schauerwetter („Aprilwetter"). In den wolkenlosen Nächten besteht Frostgefahr. Diese Kälteeinbrüche dauern allerdings meistens nur einige Tage an, sie sind aber sehr unangenehm und treten recht regelmäßig in jedem Frühjahr auf. Sie tragen im Volksmund besondere Namen wie die *Eisheiligen* (Anfang Mai).

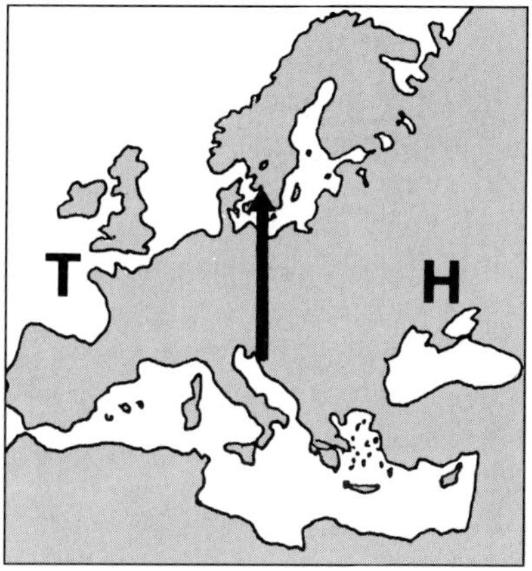

64 *Süd-Wetterlage*

Süd-Wetterlage

Liegt umgekehrt über Osteuropa ein ortsfestes Hoch, so bringen die vorherrschenden Südwinde im Sommer kontinentale Warmluft in den Raum Nord- und Ostsee (Abbildung 64). Wenn diese Winde möglicherweise noch die Alpen überschreiten müssen, werden sie durch Föhnwirkung noch wärmer und trockener.
Wir erleben dann in Deutschland langanhaltendes Schönwetter, kaum Wolken, kaum Niederschläge.

Die Warmfront

Stoßen verschiedene Luftmassen aufeinander, so gibt es Krieg. An der „Front" beobachten wir deutlichen Wetterwechsel und eventuell sprunghafte Änderungen der Windrichtung, der Temperatur und des Luftdrucks. Es sollen drei mögliche Fälle betrachtet werden:

1. Strömende Warmluft trifft auf ruhende Kaltluft

Nehmen wir an, daß ein ruhender Berg kalter Luft einer aktiven, heftig aus Westen heranströmenden Warmluftmasse im Wege liegt. Wegschieben kann sie ihn nicht. Während sie einen Teil wegdrückt, wird sie selbst angehoben, sie *gleitet* auf.

Die Grenze, an der das Aufgleiten beginnt, nennen wir *Front,* und zwar *Warmfront,* weil die warme Luft der Angreifer ist.

Die Abbildung 65 ist wieder stark überzeichnet. In Wirklichkeit beträgt die Steigung der Grenzfläche der beiden Luftmassen, der *Aufgleitfläche,* nur 1:100.

Wir wissen inzwischen, was Hebung von Luft bedeutet. Auch in diesem Fall wird die angehobene Warmluft kälter und damit relativ feuchter. Besonders wenn es sich um feuchte Meeresluft handelte, werden sich

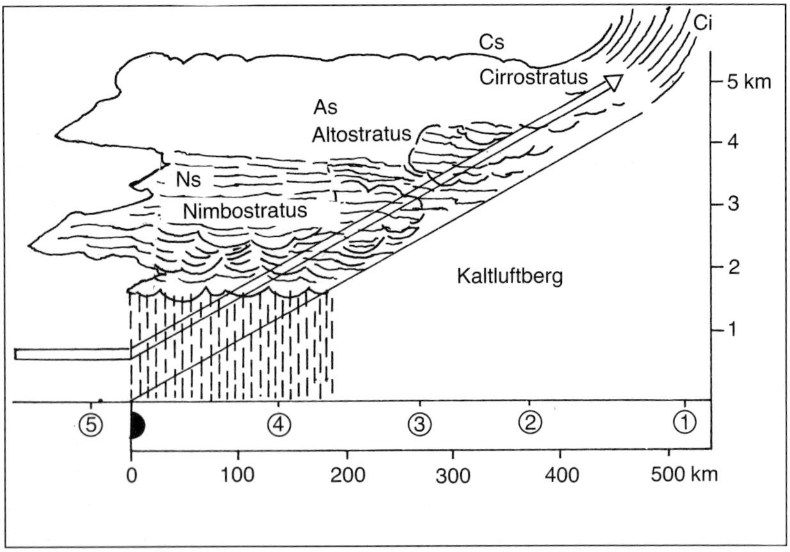

65 *Warmfront*

ausgedehnte Wolkenfelder (Schichtwolken) bilden, aus denen Regen fällt (Nimbuswolken).
Diese Wolken, die an der Front sehr tief sind, bestehen an der oberen Grenze, die über 5 km hoch liegt, schon aus Eiskristallen, in denen die Sonne schöne Halo-Erscheinungen hervorruft. Nach den lateinischen Wolkenbezeichnungen müssen wir die Wolken der Reihe nach Nimbostratus (Ns), Altostratus (As), Cirrostratus (Cs) nennen (siehe Seite 42).
Da die Aufgleitfläche nur sehr langsam ansteigt, sind die Wolken weiträumige Schichtwolken (Stratus), und der Regen ist sehr leicht, erstreckt sich aber über weite Gebiete. Wir sprechen bei diesem leisen Regen von *Landregen,* die Hamburger sprechen von „Schmuddelregen". Das Regengebiet ist bis zu 200 sm breit, bei niedrigen Temperaturen als Schneegebiet eventuell 250 sm.
An der Stelle, wo die Kaltluft zurückweicht, kommt es gelegentlich zu Nebelbildung (Frontalnebel).
In der Wetterkarte ist die Warmfront als leicht gekrümmte Linie mit aufgesetzten kleinen Halbkreisen gekennzeichnet, die Regenzone ist schraffiert. Welche Wetterschilderung geben Beobachter, wenn wir sie auf die Positionen 1 bis 5 der Abbildung 65 verteilen?
Beobachter 1 steht mitten im Kaltluftberg, im Zentrum des Hochs. Er wird keinen Wind haben, sichtige Luft, wolkenlosen Himmel, hohen Luftdruck, niedrige Temperaturen.
Seine Wetterlage sähe in der Wetterkarte so aus:

In Richtung Front wird er möglicherweise bereits „Windwolken" aufziehen sehen, die Cirruswolken in der Warmluft, die ab 5 km Höhe stürmisch herankommt und die Wolken zu langen Fäden eventuell mit Haken am vorderen Ende verweht (Windbäume, Hakencirren, siehe Abbildung 66).
Der Beobachter 2 sieht schon einen großen Teil des Himmels mit Cirruswolken bedeckt, der Luftdruck beginnt zu fallen, ein leichter östlicher bis

66 *Aufzug eines Schlechtwettergebietes*

südöstlicher Wind erhebt sich, ausströmend aus dem Hoch. Er steht noch mitten in der kalten Luft. Er beobachtet: Lufttemperatur +5 °C, Luftdruck 1017,0 hPa, Wind ESE 2.

Nach den Vorschriften des Nautischen Funkdienstes schreibt er an den Stationskreis rechts nur die Zehner, Einer, Zehntel des hPa-Wertes und links nur Anzahl der Grade der Lufttemperatur, also:

Für den Beobachter 3 gilt: Weiter fallender Luftdruck (über ihm steht schon wesentlich mehr leichte Warmluft!), der ganze Himmel mit grauem Altostratus bedeckt, Sonne oder Mond scheinen nur noch als blasse Scheiben durch, Wind dreht südlicher, Luft immer noch kalt. Er meldet:

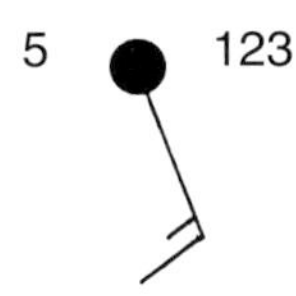

Bei weiterer Annäherung an die Front werden die Wolken immer niedriger, bald fällt Regen.

Der Beobachter 4 steht schon in der Landregenzone und beobachtet: Himmel ganz bedeckt mit Regen-Schichtwolken, aus denen anhaltender Regen fällt, Luftdruck fällt, Temperatur steigt etwas, Wind dreht südlicher und frischt auf, Sicht wird schlechter. Er zeichnet ein:

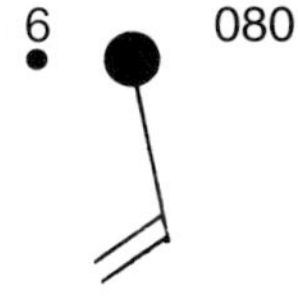

Der Beobachter 5, der auf der anderen Seite der Warmfront, also in der heranströmenden warmen Meeresluft steht, meldet ganz anderes Wetter:
frische, warme südwestliche bis westliche Winde, höhere Temperatur, Aufhören des Regens, Luftdruck niedrig. Also:

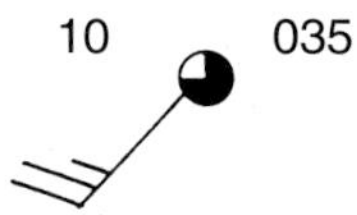

Die Kaltfront

Ganz anders läuft alles ab bei der zweiten Möglichkeit, die wir jetzt besprechen wollen.

2. Strömende Kaltluft trifft auf ruhende Warmluft

Nehmen wir an, daß Kaltluft aus Westen heranströmt und auf eine ruhende Warmluftmasse trifft.
Die schwere Kaltluft wühlt sich unter die ruhende, leichtere Warmluft und hebt sie vom Erdboden ab. Wieder entstehen Wolken, aber in diesem Fall mächtig sich auftürmende Haufenwolken. Regengüsse, Hagel, Graupel, Gewitter sind die Begleiterscheinungen des *Einbruchs.*
Die Grenze am Erdboden, wo die Kaltluft auf die Warmluft trifft, nennt man *Kaltfront Typ A. Kaltfront,* weil die kalte Luft Angreifer ist.
In der Wetterkarte ist die Kaltfront als Linie mit aufgesetzten spitzen Dreiecken gekennzeichnet.
Verteilen wir wieder Wetterbeobachter, so meldet der Beobachter 1 in Abbildung 67, der in der Warmluft steht, im Westen riesige Wolkenbänke als Vorzeichen der Kaltfront. Oft haben diese Wolken die Form einer großen Walze (Böenkragen). Seine Eintragung sei etwa wie folgt:

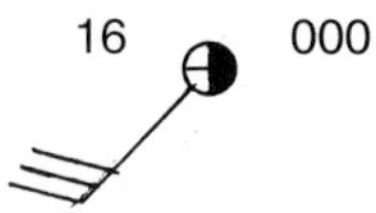

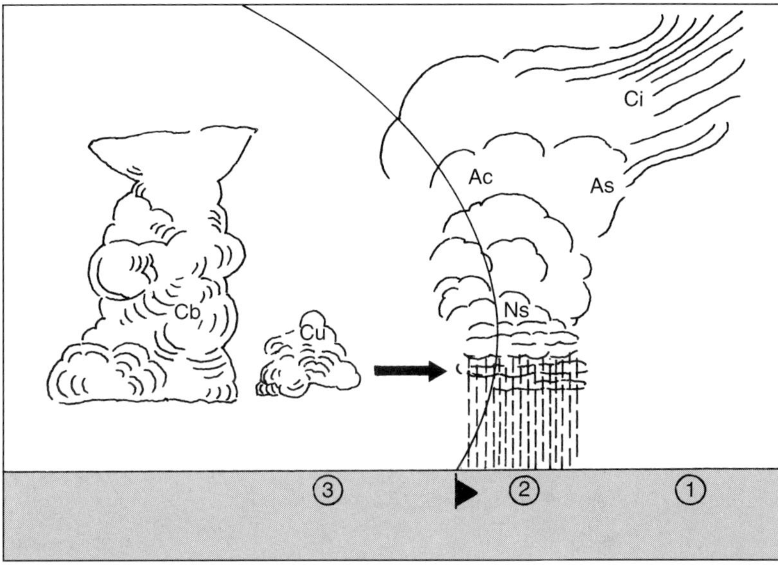

67 *Kaltfront Typ A*

Der Beobachter 2 steht noch mitten in den Regengüssen der Kaltfront, düstere Regenwolken, aus denen Fetzen hängen, bedecken den Himmel. Der Luftdruck war auf den tiefsten Wert gesunken, steigt nun aber wieder rasch an, es wird kalt. Der Wind springt auf W bis NW und wird steif („Ausschießen" des Windes) und böig. Die Böenstöße werfen rasch starken Seegang mit weißen Schaumköpfen auf. Der Beobachter trägt ein:

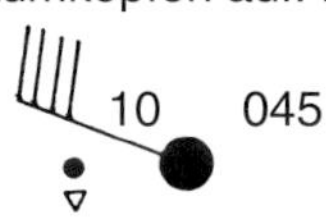

Hinter der Kaltfront, beim Beobachter 3, ist das Wetter dann schon wieder handiger. Der Beobachter ist in der Kaltluft, es heitert auf, Sicht ist gut, Bewölkung nimmt ab, eventuell kommen noch einzelne eng begrenzte Schauer („Flagen"), Luftdruck steigt, Winde nordwestlich. Er meldet:

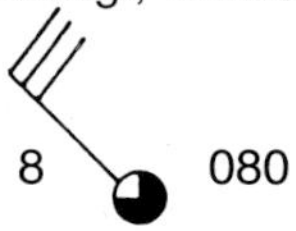

3. Strömende Kaltluft schiebt sich unter ruhende Warmluft

Eine andere Kaltfront entsteht, wenn sich die Luft z. B. aus dem kalten russischen Hoch unter die in unserem Gebiet lagernde Atlantikluft schiebt und sie hochhebt. Bei diesem Hebungsvorgang entsteht eine

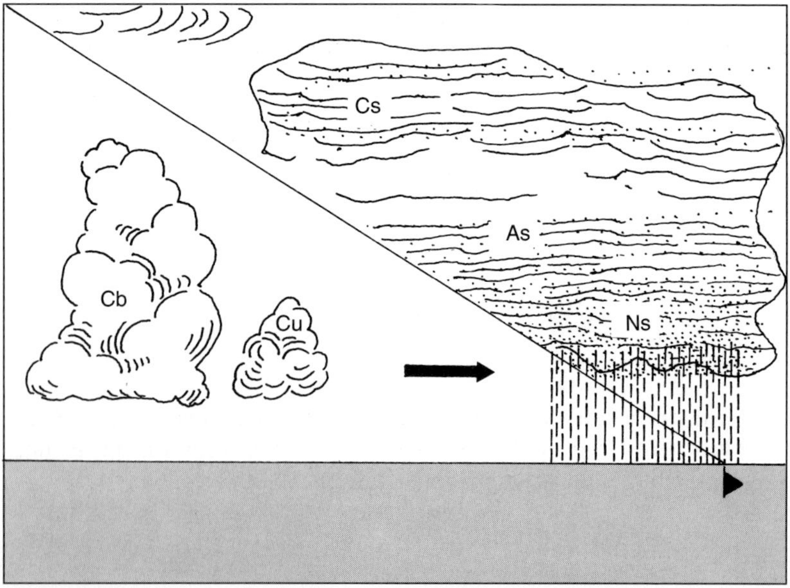

68 *Kaltfront Typ B*

Front, die ein ähnliches Bild wie die Warmfront zeigt, nur umgekehrt in der Bewölkung. Diese Kaltfront ist der Typ B (s. Abbildung 68).

Die Westwindzone

Unsere Breiten bilden eine Zone stark veränderlichen Wetters. Sie liegen zwischen der Hochdruckgrenze der Roßbreiten und dem Hoch über dem kalten Pol. Von beiden fließen Luftmassen in die dazwischenliegenden Tiefdruckrinnen (Abbildung 69).

Sie werden durch die Erdrotation auf Nordbreite nach rechts abgelenkt. Auf unserer Breite ist die Ablenkung, wie wir bereits wissen, am stärksten. Es werden daher fast östliche Winde aus dem Polhoch und westliche aus dem Roßbreitenhoch wehen.

Die Westwinde aus dem Roßbreitenhoch sind am ausgeprägtesten auf Südbreite, weil dort in 40°–60° keine Landmassen ihre Entwicklung stö-

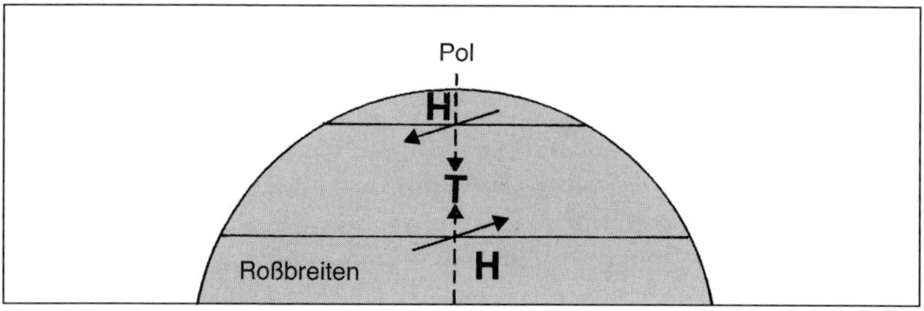

69 *Die Zone der überwiegenden Westwinde*

ren. Man nennt sie auch die „braven“ Westwinde. Aber nicht, weil sie besonders brav wären. Das Wort stammt aus dem Italienischen und bedeutet „tüchtig“ im Sinne von gehörig, gewaltig. Die englischen Bezeichnungen „roaring forties“ und „furious fifties“ geben schon besser die Gewalt der Weststürme dieser Zone wieder. Es sind auch keine stetig aus derselben Richtung und mit derselben Stärke wehende Winde, wie die Passate, sondern sie wechseln die Richtung von N über W

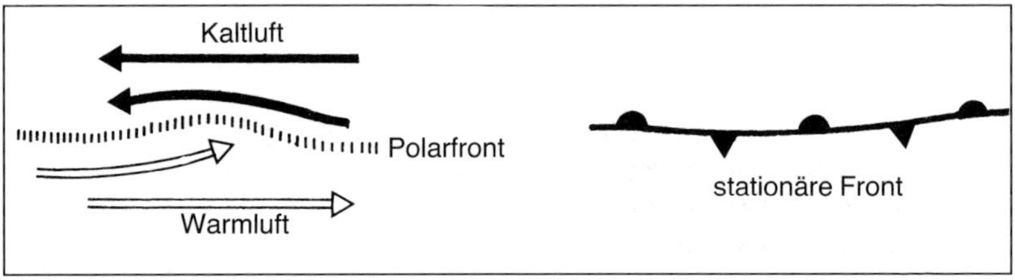

70 *Die Polarfront*

nach S, und ihre Stärke schwankt zwischen leisem Zug und Orkan. Das können wir nun verstehen. Denn auf Süd- wie auch auf Nordbreite strömen ja ganz verschiedenartige Luftmassen mit fast entgegengesetzter Richtung in das Tiefdruckgebiet ein. Sie können nicht aneinander vorbeifließen, ohne daß sie sich stören, das heißt Kaltluft in die wärmere oder Warmluft in die kältere vorstößt. Und was dann passiert, haben wir schon untersucht.

Die Grenzlinie am Erdboden zwischen Warm- und Kaltluft wird *Polarfront* genannt (Abbildung 70). Diese Polarfront bekommt also Beulen. Auch geographische Hindernisse, wie das mehr als 2000 m hohe Grönland, die nordamerikanischen Felsengebirge, Nowaja Semlja oder der Ural, stauen die Winde und lenken sie nach Süden oder Norden ab.

So kommt es zu den großen Kaltlufteinbrüchen in die Warmluft. Dabei wird die beiseite gedrückte Warmluft zum Teil in der Nachbarschaft in die Kaltluft wieder einbrechen, so daß an der Polarfront eine Wellenbewegung entsteht (Abbildung 71). Schwarze, ausgezogene Pfeile bedeuten Kaltluft, ausgesparte, wie auch in den Wetterkarten, Warmluft.

Eine dieser Wellen greifen wir heraus und betrachten die entstehenden Wetterverhältnisse.

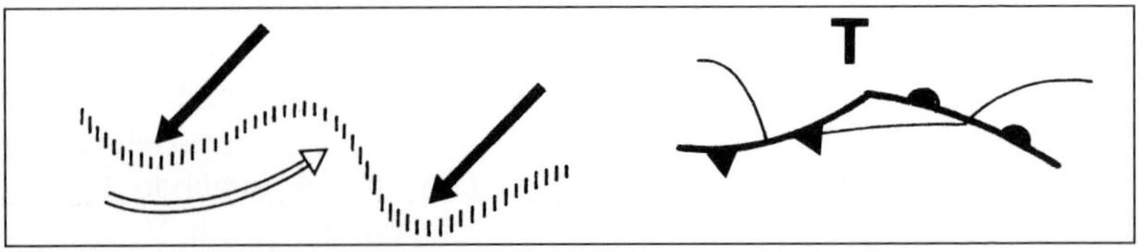

71 *Beginnende Wellenbildung*

Die Idealzyklone

Der Kampf zwischen den warmen und kalten Luftmassen an der Polarfront wurde von dem norwegischen Meteorologen Bjerknes und seinen Mitarbeitern in einem idealisierten Zyklonenmodell anschaulich gemacht, wie es die Abbildung 72 darstellt.

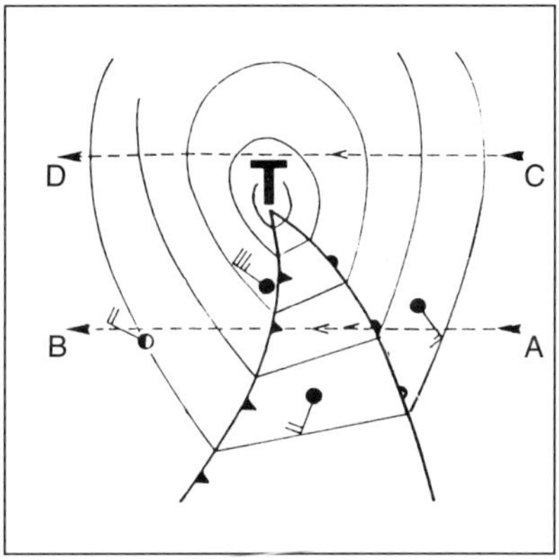

72 *Voll entwickelte Zyklone*

Zwischen zwei Kaltluftmassen liegt ein Sektor warmer Meeresluft mit südwestlichen Winden. Diese Winde gleiten an der östlich liegenden Kaltluft auf, und es entstehen die Wetterfolgen, wie sie auf Seite 104 geschildert sind. Westlich von dem Warmluftsektor bricht Kaltluft mit großer Stärke in die Luft des warmen Sektors ein, es entsteht die Wetterfolge des Falles 2 auf Seite 108.

Man nennt das Gebiet östlich der Warmfront die *Vorderseite,* das Gebiet westlich der Kaltfront die *Rückseite,* das Gebiet der südwestlichen Winde den *Warmsektor* der Zyklone.

Nehmen wir an, daß ein Beobachter von Ost nach West entlang der Linie A–B in Abbildung 72 das Gebiet der Zyklone durchsegelt; er wird einen Wetterablauf erleben, der den Meldungen der Beobachter 1, 2, 3, 4... entspricht. Wir stellen die Wetterfolge noch einmal zusammen:

Das Wetter in einer Zyklone

I. Beobachter auf einem Wege A–B südlich des Zentrums der Zyklone

1. Vor der Warmfront (Vorderseite)

Als erstes Störungszeichen erblickt der noch in der Kaltluft stehende Beobachter im Westen Cirruswolken, welche die Form von Windwolken haben.
Bei weiterer Annäherung verdichten die Wolken sich zu einer Cirrostratusschicht. Der Luftdruck beginnt zu fallen, der leichte Ostwind dreht südlicher.
Je weiter der Beobachter sich der Front nähert, desto tiefer und grauer werden die Wolken. Schließlich werden es Regenwolken, aus denen erst spärlich, dann dichter werdend Landregen fällt. Der auffrischende Wind kommt aus SE bis S, der Luftdruck fällt, die Sicht wird schlechter.

2. In der Warmfront

In der Warmfront dreht der Wind auf SW und frischt auf, der Regen hört auf, es wird wärmer. Der Luftdruck fällt nicht mehr.

3. Im Warmsektor

Im warmen Sektor wehen warme, südwestliche Winde, das Wetter ist heiter, etwas diesig. Eventuell fällt Sprühregen aus niedrigen Schichtwolken, wenn die Luft über Kaltwasser gestrichen ist. Der Luftdruck hat seinen niedrigsten Wert vor der Kaltfront. Im Westen lagert drohend die Wolkenwand der Kaltfront (Böenkragen).

4. In der Kaltfront

Beim Passieren der Kaltluft schießt der Wind nach NW aus. Es wird kalt. Der Luftdruck beginnt wieder zu steigen. Es fallen heftige, aber kurze Schauer, eventuell Hagelschauer mit Gewitter. In diesen Augenblicken ist die Sicht sehr schlecht. Wind ist böig, Seegang steil.

5. Hinter der Kaltfront (Rückseite)

Jetzt steht der Beobachter in der Kaltluft, die Sicht wird gut, die Bewölkung nimmt ab. Eventuell gibt es noch Regenschauer. Die Stärke des nordwestlichen Windes geht zurück.

II. Beobachter auf einem Wege C–D nördlich des Zentrums der Zyklone

Einen ganz anderen Wetterablauf wird ein Beobachter erleben, der entlang der Linie C–D, also polwärts, die Zyklone von Ost nach West durchsegelt. Er kommt überhaupt nicht in den warmen Sektor, er passiert nur die Regen- und Wolkenfelder, die der aufgleitenden Warmluft entstammen.
Der Wind dreht für ihn langsam zurück, krimpt, ohne daß es zu sprunghaften Windrichtungsänderungen (wie an der Kaltfront) kommt.
Er wird ebenfalls als erstes Anzeichen Windwolken im Westen sehen und dann den Cirrusschleier erleben, der sich langsam immer mehr senkt. Auch den Regen wird er bekommen, um so stärker und länger, je südlicher der Weg C–D liegt, das heißt je näher der Beobachter dem Zentrum der Zyklone kommt.
Steht der Beobachter dann auf der Rückseite, so wird er Schauerwolken beobachten und eventuell noch einige Regenschauer bekommen (Abbildung 73).

Wachsen und Vergehen einer Zyklone

Nun, in Wirklichkeit brauchen wir nicht durch das Gebiet einer festliegenden Zyklone hindurchzusegeln, sondern wir können uns getrost hinsetzen und warten: Die ganzen eben geschilderten Wetterzustände werden über uns hinwegziehen, wenn die Zyklone wandert, und zwar von West nach Ost. Dabei ändert sie ihre Form und Kraft wesentlich.
Zunächst (vergleiche Seite 112) – und das wäre das Geburtsstadium – entsteht eine kleine Ausbuchtung der Polarfront und damit grundsätzlich eine Warm- und Kaltfront. Die Kaltfront ist aber aktiver als die Warmfront,

73 *Schauerwolken auf der Rückseite eines Tiefs*

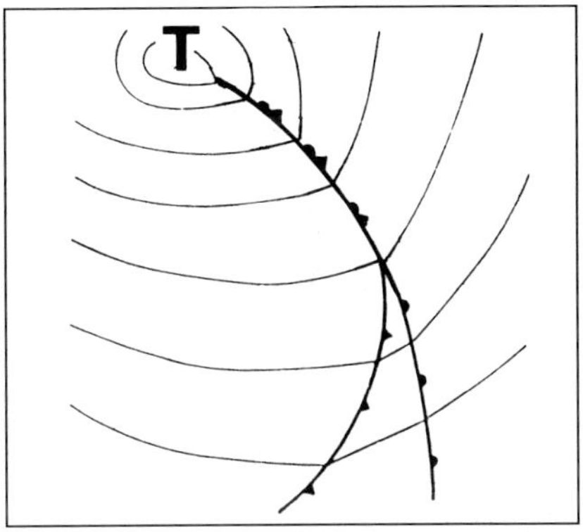

74 *Okklusion*

daher wird sie zu der Warmfront aufrücken. Der warme Sektor wird schmaler. Bald ist der Zustand der Idealzyklone erreicht. Dabei schiebt sich das ganze Störungsgebiet immer weiter nach Osten. Schließlich erreicht die Kaltfront die Warmfront, die Zyklone „klappt zusammen", sie *okkludiert* (Abbildung 74).

Nun ist die ganze Warmluft vom Boden abgehoben. Dann schwächt sich meistens der ganze Wirbel ab und ist am Erdboden nur noch als durchziehendes Wolkenfeld erkennbar.

Die Zyklone ist während dieser Entwicklung immer weiter nach Osten gedrückt worden. Zuerst, im Jugendstadium, wandert sie sehr schnell, im Stadium der Idealzyklone (Abbildung 72) nur noch mit Frachtdampfer-Geschwindigkeit, um im Stadium des Okkludierens eventuell gar nicht mehr weiterzumarschieren: Das Tief ist „stationär" geworden.

Man rechnet, daß im Mittel vom Entstehen bis zur Idealzyklone wie in Abbildung 72 ein Tag vergeht, bis zur Okklusion ein weiterer.

Übrigens, eine Okklusion kann sehr verschiedenen Charakter haben. Ist die angreifende Rückseitenkaltluft kälter als die vorgelagerte Vorderseitenkaltluft, so hat die Okklusion *Kaltfrontcharakter,* das heißt, in dem durchziehenden Wolkenfeld überwiegen Haufenwolken (Cu, Cumulonimben). Ist die Vorderseitenkaltluft kälter, hat die Okklusion *Warmfrontcharakter,* es überwiegen Schichtwolken (Stratus).

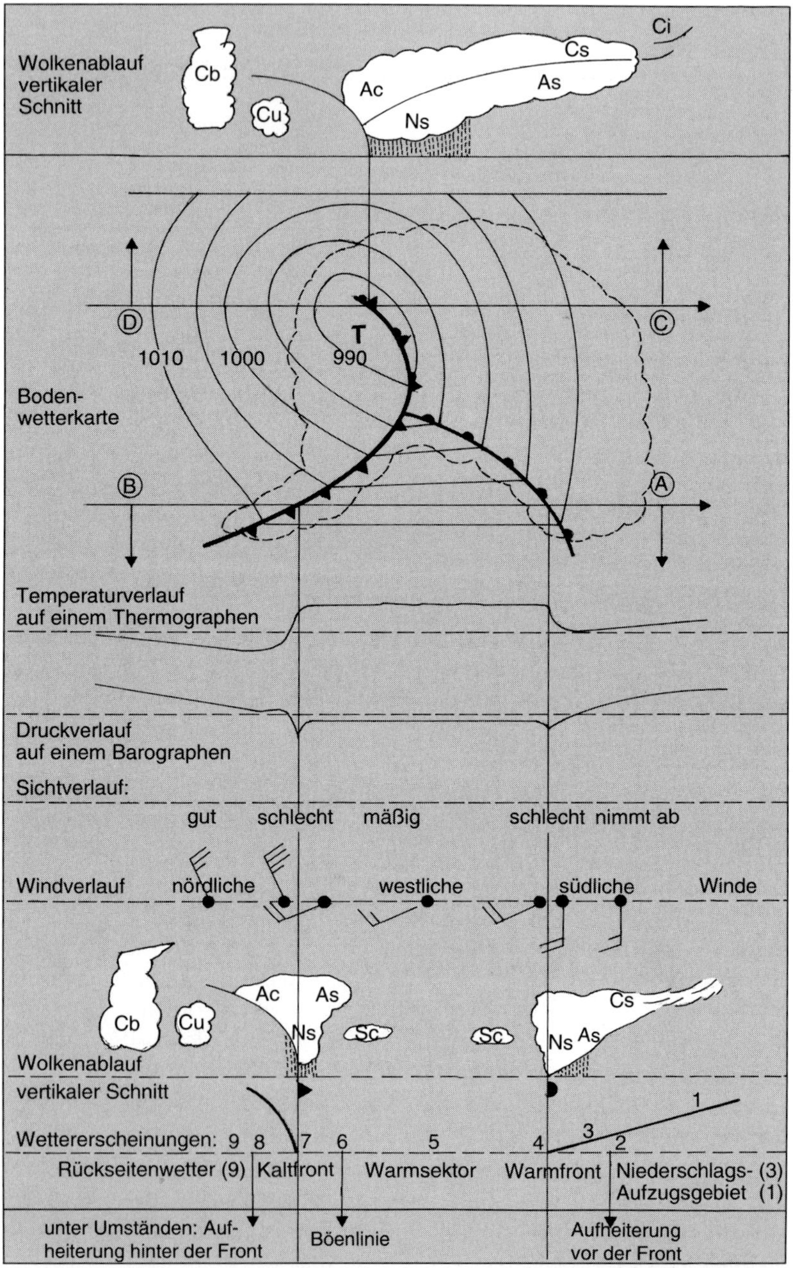

75 *Zusammenfassung aller Wettererscheinungen an einer okkludierten Zyklone*

Der Vorgang der Okklusion kann wesentlich beschleunigt werden, wenn eine Zyklone auf ein geographisches Hindernis stößt, wie zum Beispiel die norwegische Felsenküste. Es kommt auch vor, daß der südliche Teil, der im Skagerrak nicht behindert wird, als selbständiger Wirbel weiterzieht (Skagerrak-Zyklone, Teiltiefbildung – siehe Seite 124).
Geht eine Okklusion über das Schiff hin, so wird bei der Annäherung der Luftdruck fallen, werden Wind und Bewölkung zunehmen. Beim Durchgang regnet es, die Sicht ist mäßig. Danach steigt der Luftdruck wieder, der Wind dreht rechts und nimmt ab, einzelne Regenschauer fallen, die Sicht wird gut.
Geht der Kern eines Tiefdruckgebietes über das Schiff hinweg, so müßte aus dem SE-Wind plötzlich der um 180° anders gerichtete NW-Wind werden. Dazwischen könnte eine Zeit absoluter Windstille liegen.
Die obengeschilderte Wellenbewegung an der Polarfront bedeutet, daß nicht nur eine, sondern eine ganze Serie von Zyklonen, eine *Zyklonenfamilie,* entstehen kann.

Zugbahnen der Zyklonen

Geographische Hindernisse ebenso wie große, festliegende Hochdruckgebiete beeinflussen die Bahn der grundsätzlich von West nach Ost wandernden Zyklonen, so daß die Bahnen über unseren Segelgebieten recht verschieden liegen können.
Die sorgfältige, jahrzehntelange Beobachtung der Zyklonen hat folgende bevorzugte Zugbahnen ergeben (Abbildung 76):

Zugbahn 1. Die Zyklone folgt etwa dem Golfstrom, das Zentrum zieht weitab von der englischen und norwegischen Küste nordwärts. Diese Zyklonen, meistens sehr großräumige, sind für uns uninteressant, weil sie unser Segelwetter in Nord- und Ostsee nicht gestalten. Allerdings können sich „Randtiefs“ von ihnen lösen, welche dann über Skagerrak und Kattegat ziehen und der Ostsee Stürme bringen.

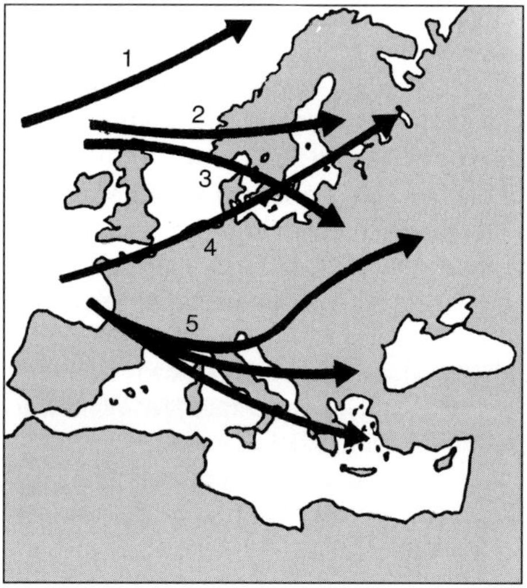

76 *Bevorzugte Zugbahnen der Zyklonen über unserem Raum*

Zugbahn 2. Die Zyklone zieht aus dem Raum Färöer – Schottland direkt nach Südfinnland.

Zugbahn 3. Die Zyklone zieht aus demselben Raum südöstlicher zur mittleren Ostsee. Diese Bahn wird im Winter bevorzugt und bringt für die Nordsee schwere Stürme.

Zugbahn 4. Die Zyklone wandert vom Westeingang des Kanals nach Nordosten und bringt, besonders im Sommer, engbegrenzte Sturmgebiete, die häufig sehr schnell ziehen. (Eventuell schneller, als es der Wetterdienst prophezeit!)

Zugbahn 5. Die Zyklone zieht am Ostrand der Alpen entlang über Österreich und Schlesien zur Ostsee und bringt der Ostsee heftige Stürme. Die Bahn wird nur selten und auch nur im Sommer durchlaufen.

Die Bahnen zeigen nur Verhaltenstendenzen von Zyklonen auf. Für die Vorhersage einer bestimmten Zyklone sind sie ungeeignet.

Troglage

Der Begriff *Trog* oder *Tiefdrucktrog* taucht häufig in Seewetterberichten auf. Er meint nichts anderes, als daß die Isobaren eine Ausbeulung haben, wie in Abbildung 77. Wird der Begriff in Verbindung mit einem Tief genannt, können in der Wetterkarte Darstellungen wie in Abbildung 78 erscheinen. Würde das Druckfeld räumlich dargestellt, erschiene ein trogförmiges Gebilde ähnlich einer Kunststofform für Gartenteiche.
Tröge der besprochenen Art sind harmlos. Im Bereich der stärksten Krümmung – an der Trogachse – stauen sich die Luftmassen, und es kommt unter Umständen zu starken Regenfällen.
Es gibt aber auch eine andere Gruppe von Trögen. In ihnen treten die stärksten und gefährlichsten Winde unserer Breiten auf. Sie reichen vom Trog-Sturm bis zum Trog-Orkan.
In Abbildung 79 ist ein Trog-Orkan mit 65 kn Geschwindigkeit nahe der Achse dargestellt. Nach Passieren der Kaltfront steigt hier der Luftdruck nicht an, wie in den üblichen Tiefdruckgebieten. Er beginnt sogar zu fallen. Der Wind geht nicht auf nördliche Richtung, sondern ist rückdrehend. Besonders gefürchtet bei diesem Trog ist der Seegang (siehe Seite 180).

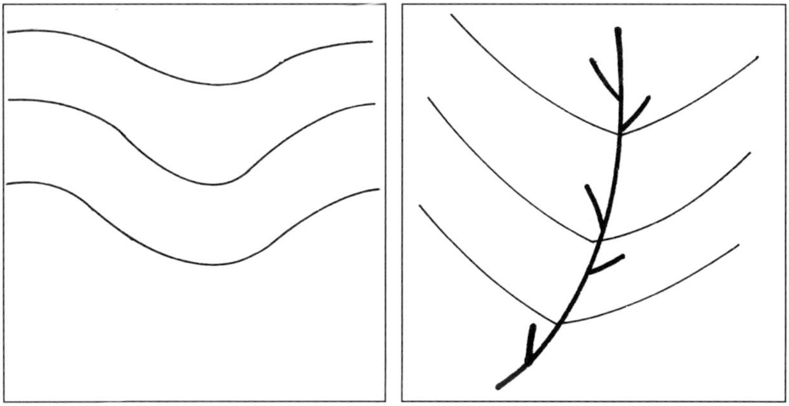

77 *Trogförmige Isobaren (rechts mit Konvergenzlinie)*

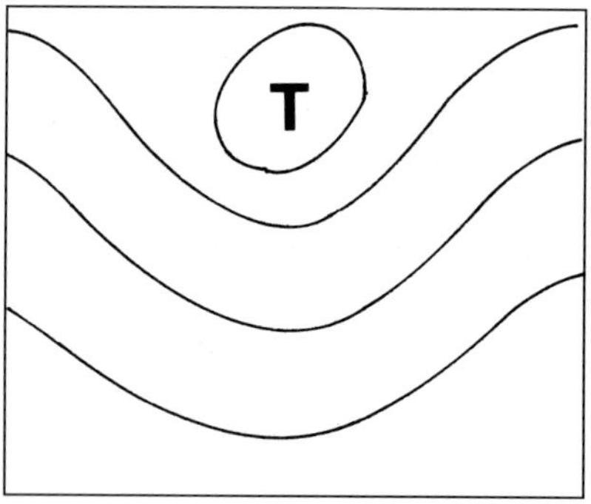

78 *Trogtief*

79 *Trog-Orkan*

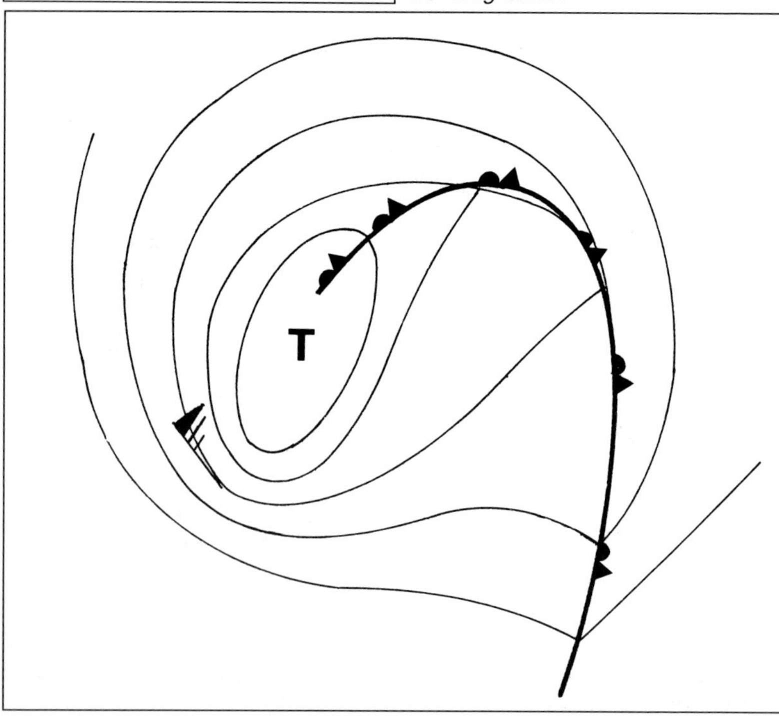

Spezielle Tiefdruckgebiete

In den Wetterberichten taucht der Begriff *Tief* nicht allein auf; die Tiefs werden vielmehr genauer beschrieben: *Randtief, Teiltief, Tiefdrucksystem.*

Hat ein Tief das Stadium der Idealzyklone überschritten, kann es sich vergrößern und unbeweglicher werden. An seiner Kaltfront kommt es zur Wellenbildung und schließlich zur Entwicklung eines neuen, kleinen Tiefs: dem *Randtief* (Abbildung 80).

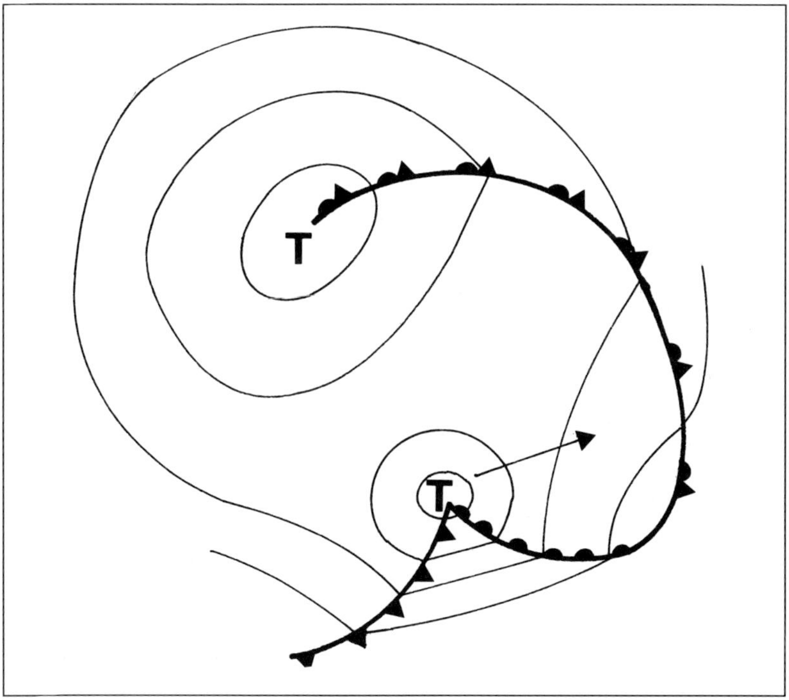

80 *Randtief*

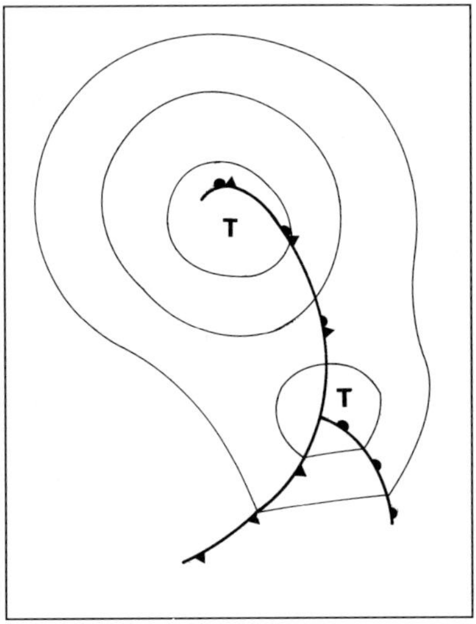

81 *Teiltief*

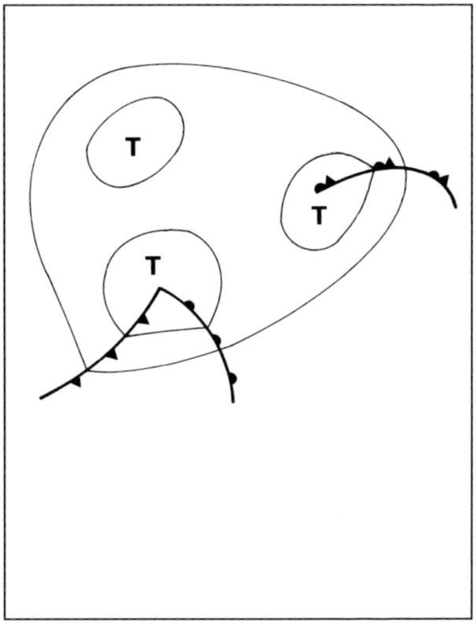

82 *Tiefdrucksystem*

Betrachtet man den Okklusionspunkt als inneren Teil eines Tiefs und beginnt sich dort ein neues Tief zu bilden, so entsteht der Eindruck einer Teilung: Ein *Teiltief* entwickelt sich (Abbildung 81).
Oftmals nimmt ein Tief solche Ausmaße an, daß das Zentrum in mehrere Kerne zerfällt. Man spricht dann von einem *komplexen Tiefdrucksystem* (Abbildung 82).

Spezielle Hochdruckgebiete

In den bereits besprochenen *dynamischen Hochdruckgebieten* finden wir hohen Druck gegenüber der Umgebung nicht nur am Boden, sondern auch in allen Höhen. Die Temperatur verhält sich ebenfalls so. Sie ist höher als in den benachbarten Schichten. Solche Gebilde werden *warme Hochs* genannt. Sie sind sehr hochreichend.

Zu den warmen Hochs gehört auch das riesige, sich wenig bewegende Azorenhoch. Es ist ein *quasi-stationäres Hoch.* In unseren Breiten werden in gleicher Weise aufgebaute Hochdruckgebiete beobachtet. Sie haben jedoch geringere Ausmaße, sind vergleichsweise mittelgroß. Sie können über Mitteleuropa stationär werden und bescheren uns dann das schöne Wetter: im Sommer am Tage sehr heiß, im Winter extrem kalt. Nachts ist der Himmel wolkenlos, tags sieht man nur kleine, rasch vergehende Schönwetter-Cumuli. Zu Gewittern kann es nicht kommen, da die Luft sehr trocken ist. Hitze und Trockenperioden sind jedoch die Nachteile dieser häufig sehr langlebigen *stationären Hochdruckgebiete.*

Zwischenhochs sind kleine, wandernde Hochdruckgebiete. Sie unterteilen eine Serie von wandernden Tiefdruckgebieten. Aufgebaut werden sie von der auf der Rückseite der Tiefs heranströmenden Kaltluft. Deshalb bezeichnet man sie auch als *kalte Hochs.* Es sind flache Druckgebilde. Häufig sind sie in *Zwischenhochkeile* eingebettet (Abbildung 83).

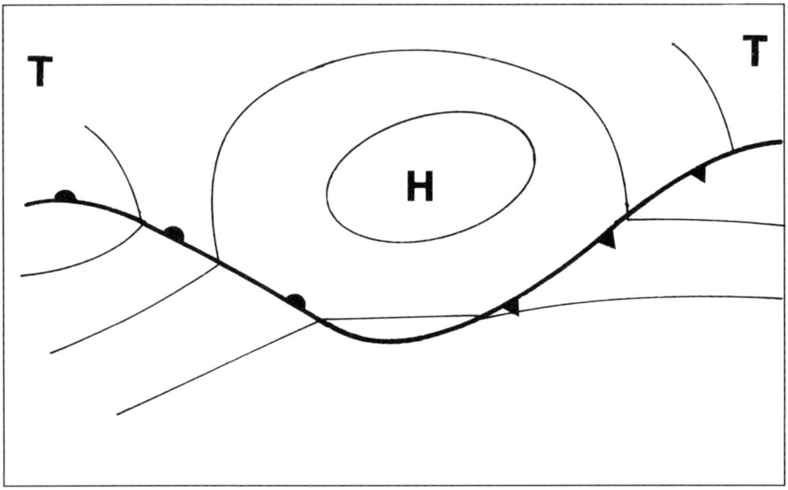

83 *Zwischenhoch*

Winde im Mittelmeer

Im Mittelmeerraum gibt es eine Vielzahl verschiedener Windsysteme. Wir wollen uns mit den wichtigsten befassen: Bora, Mistral und Schirokko (Abbildung 84).

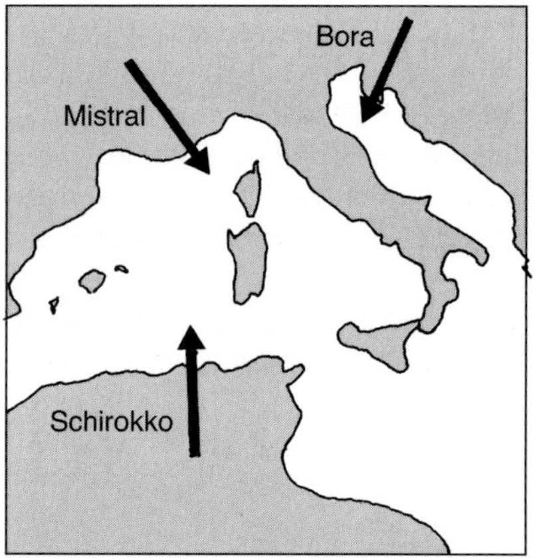

84 *Winde im Mittelmeer*

Bora

Die Bora, ein trockener, oft schneidend kalter Wind, weht von den kahlen Abhängen des Karstes, den dalmatischen und albanischen Küstengebirgen, als Fallwind stürmisch und böig aus NNE auf die Adria herab und wühlt eine gefährliche, kurze steile See auf.

Wie kommt die Bora zustande? Drei Fälle sind möglich:

- Ein Hoch liegt über dem Hochland (Winter), über der Adria ist der Luftdruck normal *(antizyklonale Bora).*
- Ein ausgeprägtes Tief liegt über der Adria, über dem Hochland ist der Luftdruck normal *(zyklonale Bora).*

  Oder, ein besonders wirksamer Fall:
- Über dem Karst liegt ein Hoch, über der Adria ein Tief. Der Gradient ist dann besonders groß, die Stärke des Fallwindes also auch.

Die *antizyklonale Bora* bringt bei hohem Luftdruck und mäßiger Kälte heiteres, trockenes Wetter. Sie tritt meist im Winter auf, denn in dieser Jahreszeit ist der Temperaturunterschied zwischen den Hochflächen der Küstengebirge und der warmen Adria am größten. Die Winterbora kann Wochen andauern.
Die *zyklonale Bora* dagegen dauert oft nur wenige Stunden, vielleicht einen Tag, und bringt bei stark fallendem Luftdruck trübes Wetter, starke Niederschläge und unangenehme Kälte.
Eigentlich müßte die Bora als Fallwind sich doch beim Herunterstürzen (unter Umständen 2000 m!) dynamisch erwärmen, demnach ein warmer Wind sein. Ja, sie erwärmt sich auch, aber sie kommt unten doch verhältnismäßig kalt an, wenn die Temperatur oben im Gebirge ungewöhnlich niedrig ist.
Über der Adria lagert relativ warme Luft. Wenn nun die kalte Höhenluft über die Gebirgskämme in die Tiefe fließt, wird die feuchte, warme Meeresluft rasch unter den Taupunkt abgekühlt. Wir beobachten von See als erstes Anzeichen der ausbrechenden Bora Wolken an den Gebirgskämmen. Einzelne Wolken reißen sich los, gleiten in die Tiefe. Bald allerdings lösen sie sich dann infolge der Erwärmung der herabfließenden Luft wieder auf.

Mistral

Der Mistral weht an der französischen Mittelmeerküste zwischen den Pyrenäen und den Alpen aus nördlicher Richtung. Dabei muß man zwischen küstennahem Wind mit starken lokalen Effekten (Düseneffekt) und weit ins Mittelmeer hinausgreifendem Wind unterscheiden.
Der küstennahe Wind wird unterstützt durch das zum Meer hin abfallende Gebirge und durch Täler wie das der Rhône. Damit der Mistral weit über die Höhe von Sardinien hinaus wehen kann, ist eine bestimmte großräumige Druckverteilung für nördliche Winde erforderlich oder aber die Rückseite eines Tiefs im Golf von Genua, die sogenannte Genua-Zyklone. Eine Mistrallage zeigt Abbildung 112. Im Golf von Lion haben im jährlichen Mittel 7 % aller beobachteten Winde Sturmstärke.

Schirokko

Im westlichen Mittelmeer ist der Schirokko ein gefürchteter Fallwind. Er entsteht, wenn ein Tief vor der nordafrikanischen Küste liegt und die Luft von den Höhen des Atlas und aus den heißen Gebieten dahinter absaugt. Der Schirokko ist daher ein heißer, trockener Südwind, der besonders im Juli und August sehr drückend ist. Oft führt er Wüstenstaub mit sich. An der Küste treten irreführende Luftspiegelungen, Wasserhosen und schwere Böen auf.
Dieser Fallwind ist nicht zu verwechseln mit dem Schirokko des östlichen und mittleren Mittelmeeres. Er entsteht an der Vorderseite einer von Westen kommenden Zyklone. Zieht diese dann nordöstlich weiter, so frischt der Schirokko bei fallendem Luftdruck mit starkem Regen zu großer Heftigkeit auf, um dann in einer Bö aus SW, oft unter Gewitter-Erscheinungen, plötzlich auf NW auszuschießen.

Welche Informationen bekomme ich über das Wetter?
Der Wetterdienst

Das Entstehen einer Bodenwetterkarte und einer Vorhersage

Im ersten Kapitel haben wir die einzelnen meteorologischen Elemente besprochen. Diese lassen sich beobachten und messen, z. B. an einer Wetterstation. International sind feste Zeiten für diese Wetterbeobachtungen vereinbart: Haupttermine 0000, 0600, 1200 und 1800 UTC, Zwischentermine 0300, 0900, 1500 und 2100 UTC.
Jeder Einzelbeobachtung wird eine Zahl zugeordnet. Sie wird verschlüsselt. In einer bestimmten Reihenfolge werden alle Zahlen zusammengefaßt (FM 13-VIII Ship oder FM 12-VIII SYNOP). Damit haben wir eine Art Wettertelegramm von einer Station, ein *Obs* (= observation-) Telegramm. Jede einzelne Station gibt nun ihr Wettertelegramm mittels Fernschreiber oder Funk in ein spezielles Fernmeldenetz ein. Die Daten gelangen zur nächsten Sammelstelle und dann in Deutschland zum Zentralamt des Deutschen Wetterdienstes (DWD) in Offenbach.
Dort übernimmt und prüft die Daten eine EDV-Anlage. Sie schickt eine bestimmte Auswahl der Wetterbeobachtungen in ein globales Hauptwetterfernmeldenetz (Abbildung 85), aus dem sie selbst ebenfalls Daten entnimmt. Auf diese Weise werden weltweit pro Termin rund 10 000 Wettermeldungen verbreitet.

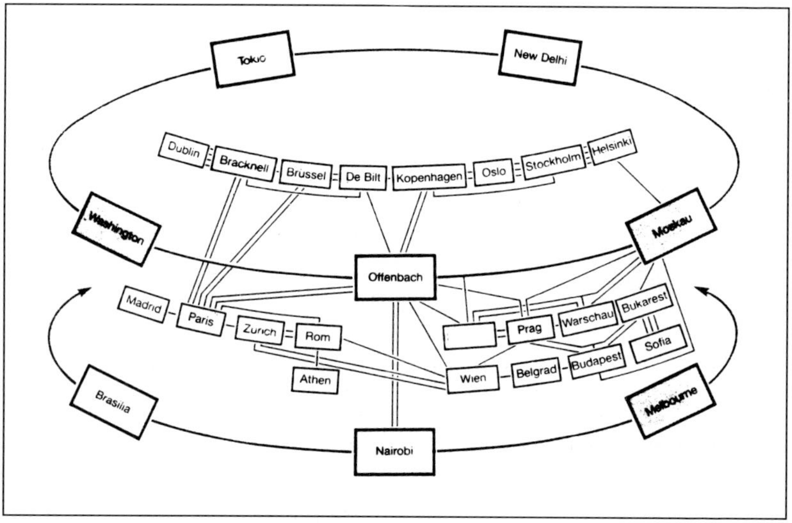

85 *Globales Hauptwetter-Fernmeldenetz...*

Die Daten werden für viele verschiedene Zwecke verarbeitet. Speziell für die Wetterkarte gibt die EDV-Anlage sie an ein automatisches Zeichengerät, den Plotter, weiter. Dabei werden den Zahlen Symbole zugeordnet, und nach einem bestimmten Schema wird das Stationsmodell gezeichnet. Es entsteht eine *Arbeitswetterkarte,* wie sie Abbildung 86 zeigt. Der Wetterkartenschreiber druckt solche Karten zu allen Zwischenterminen aus.

Erst jetzt beginnt die Arbeit des Meteorologen. Er verbindet die Orte gleichen Luftdrucks mit Isobaren im 5-Hektopascal-Abstand (synoptische Methode). In der Wetterkarte aus Berlin ist die Mitteleuropakarte sogar von 1 zu 1 hPa gezeichnet, was einen Einblick in kleinräumigere Strömungsverhältnisse erlaubt. Weiterhin müssen die Fronten eingearbeitet werden. Schließlich ist die Wetteranalyse fertig und kann über

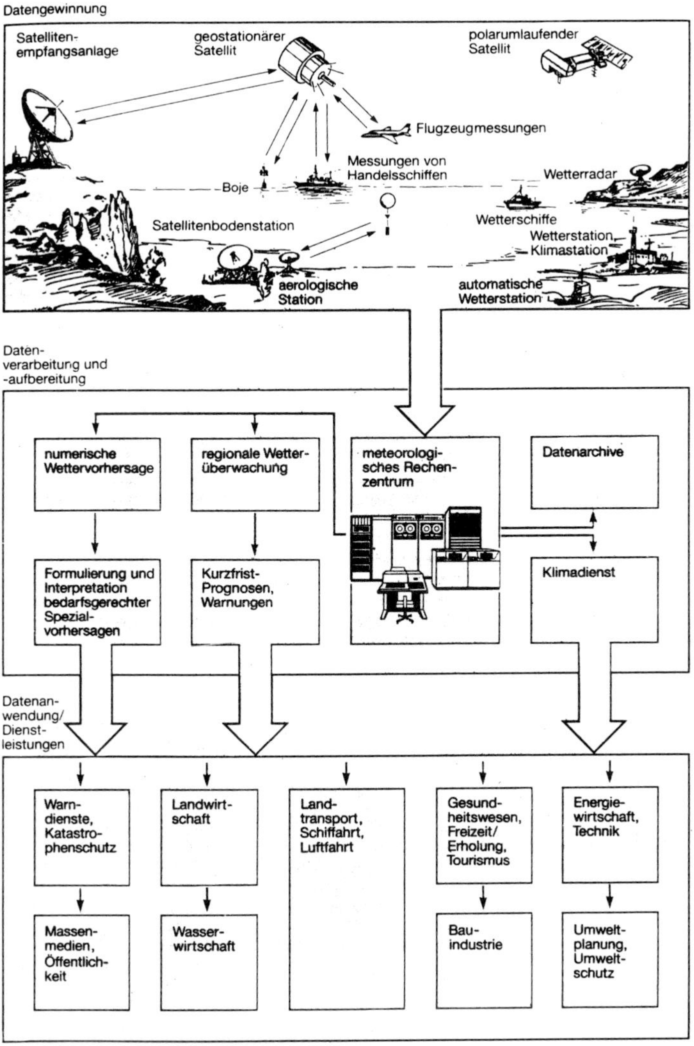

...und so funktioniert ein nationaler Wetterdienst

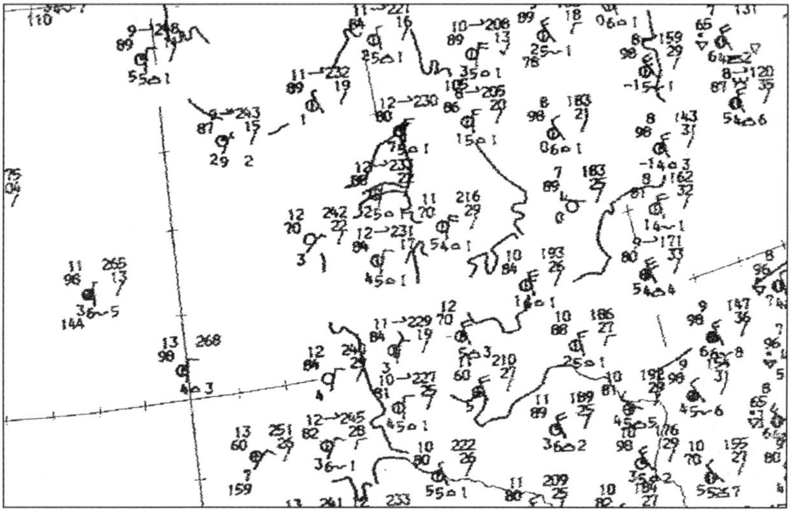

86 *Arbeitswetterkarte mit Stationsmeldungen*

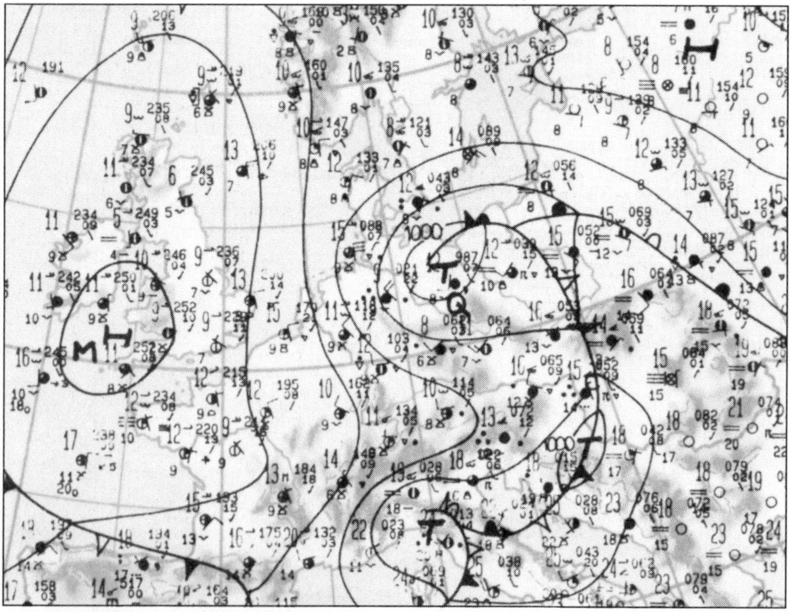

87 *Ausdruck aus einem Wetterkartenschreiber: Sturmtief vom 28. August 1889, das in der Marina Wendtorf schwere Schäden anrichtete*

Bildfunk verbreitet werden. Wir empfangen sie mit dem *Wetterkarten-schreiber.* Abbildung 87 zeigt einen Ausdruck.
Parallel zu den besprochenen Wetterkarten erzeugt ein Computer eine andere Art von Bodenkarte. Er liest die Wetterdaten ein und konstruiert mittels physikalisch-mathematischer Modelle eine Druckverteilungskarte mit Hoch- und Tiefdruckgebieten und neuerdings auch mit Windgeschwindigkeitsangaben. Die Modelle benötigen zusätzlich zu den Bodenmeldungen Daten aus verschiedenen Höhenschichten, da das Wetter ja auch räumlich abläuft. Die Modelle rechnen dreidimensional.
Der eigentliche Vorteil dieser sogenannten numerischen Methode liegt jedoch darin, daß nun Vorhersagen gerechnet und ausgedruckt werden können. Der DWD hat einen 30 Millionen Mark teuren Großrechner (Typ Cray) in Betrieb genommen, dessen Produkte uns über den Wetterkartenschreiber als Vorhersagen für 12, 36, 60, 84, 96 und sogar für 192 Stunden erreichen, das heißt für maximal 8 Tage (Abbildung 88). Die

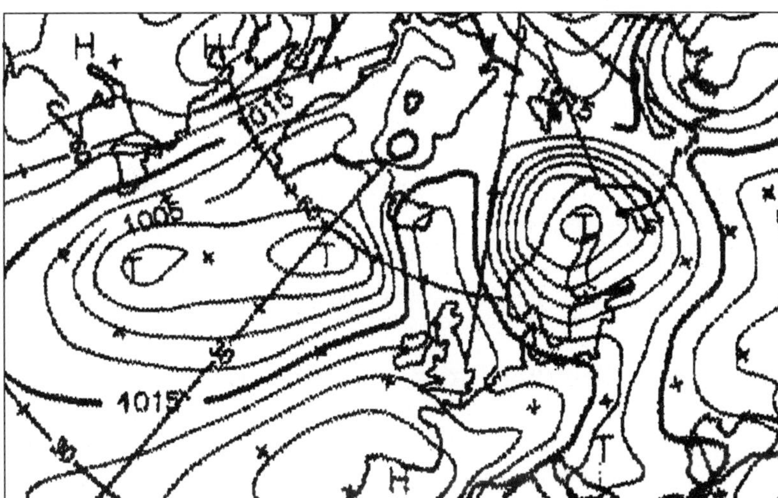

88 *Vorausgerechnete Bodendruckverteilung für 168 h, also 7 Tage, vom 12.03.91*

Bodenvorhersagekarten für 24, 48 und 72 Stunden werden von Meteorologen bearbeitet und in die uns bekannte Form mit Fronten gebracht (Abbildung 89).

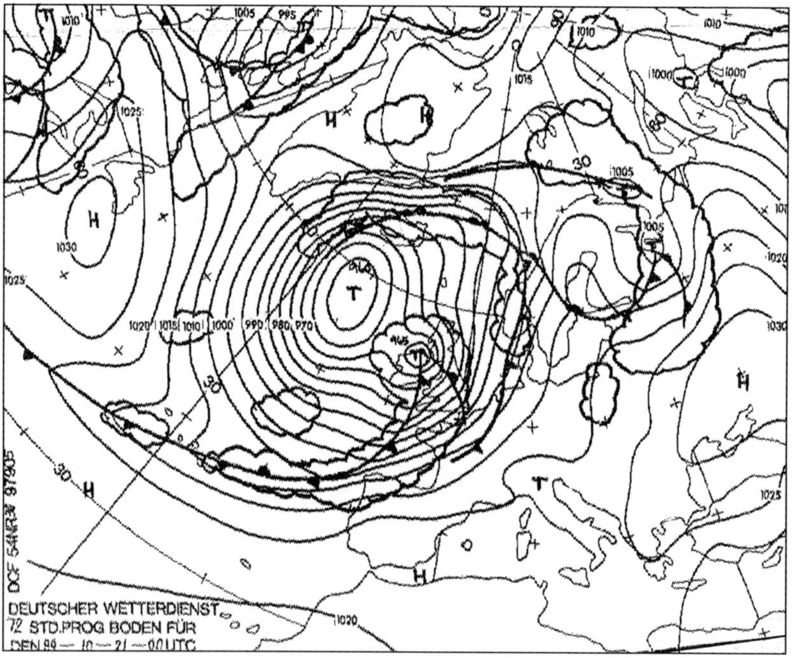

89 *Beispiel für eine 72-Stunden-Bodenwettervorhersage (Seegang aus dieser Zeit siehe Abbildung 115)*

Wie eine Höhenwetterkarte erstellt wird

Das Wetter eines Ortes wird natürlich beeinflußt und gestaltet von der ganzen Troposphäre, das heißt auch von dem Wetter in der Höhe. Um dieses Wetter zu beschreiben, sind Beobachtungen aus verschiedenen Höhenschichten erforderlich.

Pilotballone und Radiosonden

Der Wetterdienst hat schon früh versucht, Luftdruck und Winde in größeren Höhen zu messen. Zunächst ließ man Drachen aufsteigen, die meteorologische Instrumente trugen, oder verfolgte, wie ein *Pilotballon* aufstieg und vertrieben wurde (Höhenwindmessungen). Dann vertraute man dem Ballon selbstregistrierende Geräte an und hoffte, daß man das mit einem Fallschirm wieder herabsinkende Gerät finden und die Registrierungen auswerten könnte. Da diese Geräte und mit ihnen die Registrierungen oft verlorengingen, war es ein großer Fortschritt, als man die Registriergeräte mit einem kleinen Sender verbinden konnte, der laufend Lufttemperatur, Feuchte und Luftdruck an die Bodenstation meldete. Mit Hilfe von Radargeräten ist es möglich, bei der Verfolgung des Ballons die vertikale Windstruktur zu ermitteln. Mit solchen *Radiosonden* verfolgt man regelmäßig die Wetterverhältnisse bis in Höhen von 20 bis 30 km.

Wetterschiffe

Die Wetterschiffe auf dem Nordatlantik, die von verschiedenen Staaten gestellt und unterhalten werden, ergänzen nicht nur die Bodenbeobachtungen, sondern dienen auch als Plattformen zum Aufstieg von Radiosonden. Im Laufe der Jahre sind noch drei Wetterschiffe übriggeblieben, die ausführliche Wetterbeobachtungen anstellen. Dieser Rückgang beruht wohl darauf, daß die eigentliche Aufgabe darin bestand, der Luftfahrt bei Flugzeugabstürzen zu Hilfe zu kommen. Ein weiterer Grund werden die neuen Meßmethoden mittels Satelliten sein (siehe „Wettersatelliten“, Seite 138).

Erstellung per Computer

Die Erstellung einer Höhenwetterkarte ist sehr ähnlich der einer Bodenkarte. Die Beobachtungen aus verschiedenen Höhen werden einer EDV-Anlage zugeführt, die sie mittels Plotter in einen Kartenvordruck zeichnet. Dabei werden in eine Karte nur Daten eingetragen, die von der

Radiosonde bei einem bestimmten Druck gemeldet worden sind. Wählen wir als Druck 500 hPa, so sind die Windgeschwindigkeit, die Temperatur, der Taupunkt und die zugehörige spezielle Höhenangabe, über Radar erfaßt, an jeder Station bei 500 hPa gemessen worden.
Der Meteorologe verbindet nun Orte mit gleicher, spezieller Höhenangabe. Der Druck hat dabei an allen Punkten immer den gleichen Wert. Dadurch entsteht das Bild der Höhenlage einer bestimmten Druckfläche. Die Höhenkarte stellt z. B. die Lage der 500-hPa-Druckfläche dar.
Am besten liest man die Höhenkarte wie eine Gebirgswanderkarte mit Höhenschichtlinien, die *Isohypsen* genannt werden, genauso wie in der Wetterkunde. Die Höhen werden in *geopotentiellen Metern* angegeben, und zwar in *Dekameter* (1 Dekameter = 10 m, Beispiel 540 dam = 5400 m, 1 gpdam ≈ 1 dam).

Höhenwetterkarten sind ein unerläßliches Ausgangsmaterial für den Computer zur Berechnung von Vorhersagen, insbesondere von Bodenvorhersagen.
Die Linien in den Höhenwetterkarten können als Stromlinien gedeutet werden, zwischen denen die Luftmassen strömen. Erscheint dort ein Trog, so kann man sich diesen bildlich vorstellen wie eine Rennbahn

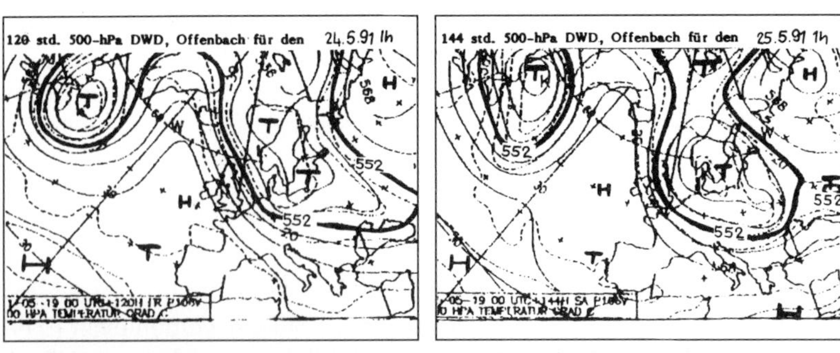

90 *Beispiel für 500-hPa-Höhenwetterkarten, die auf 7 Tage vorausberechnet werden. Typische Lage des verregneten Frühjahrs 1991*

beim Sechs-Tage-Rennen. Hier wie dort „wandern“ die Rennfahrer, sprich die Luftmassen, links herum. Abbildung 90 zeigt solch einen Höhentrog: In der Höhe werden fortlaufend Luftmassen aus polaren Breiten in unser Gebiet transportiert – die typische Wetterlage für das verregnete Frühjahr 1991.

Freiwillige Mitarbeit

Naturgemäß befinden sich die meisten Wetterbeobachtungsstationen an Land. Von der Erdoberfläche aber nimmt das Meer 71 % ein. Dadurch entstehen große Lücken in dem Beobachtungsnetz, die jedoch zum Teil durch Wettermeldungen von Bord von Schiffen geschlossen werden. In freiwilligem Einsatz liefern Schiffsoffiziere aller Flotten von allen Routen des Weltverkehrs regelmäßig Tausende von Beobachtungen, sogenannte *See-Obse.* Das Seewetteramt hat zahlreiche Schiffe als See-stationen ausgestattet, mit Barographen, Psychrometern und Wasserschöpfthermometer.

An diesem Beobachtungssystem kann sich theoretisch jeder beteiligen, der See-Obs-Telegramme absenden kann und einige Richtlinien für die Obs-Übermittlung einhält. Besonders begehrt sind Meldungen aus wenig befahrenen und abgelegenen Regionen sowie aus der Nähe von tropischen Wirbelstürmen. Natürlich kann auch jeder ein meteorologisches Tagebuch führen.

Um ein vollständiges See-Obs zu erstellen, sind folgende Unterlagen hilfreich:

- Schlüsseltafel für das Eintragen von Wetterbeobachtungen auf See
- Anweisungen für das Anstellen und Verschlüsseln von Wetterbeobachtungen an Bord deutscher Schiffe
- Seegangsbilder zur Schätzung von Beaufort-Windstärken
- Wolkentafel
- Tafel zur Bestimmung der Taupunkttemperatur
- Vordrucke für die Obse, z. B. ein meteorologisches Tagebuch

Wettersatelliten

Seit Jahren macht sich der Wetterdienst die von den Wettersatelliten aus großer Höhe gewonnenen fotografischen Aufnahmen großer Räume der Erdoberfläche mit ihren Wolkenfeldern für die Wettervorhersage zunutze. Diese Aufnahmen werden auch nachts durch Infrarot-Kameras gewonnen.
Da vom Weltraum aus jeder Winkel der Erde beobachtet werden kann, ist eine weitere Aufgabe der Satelliten die Fernerkundung vieler meteorologischer Größen: des Windes, der Meerwassertemperatur, des Meereises und des Seegangs beispielsweise. Die Fernerkundungsmethoden werden sich stetig erweitern und verfeinern, da Satelliten, nachdem sie auf ihre Umlaufbahn gebracht worden sind, nur noch geringe Kosten verursachen.
Die in den Fernsehwetterberichten aneinandergereihten Satellitenbilder zeigen das Wetter aus der Vergangenheit. Daraus auf das Wetter der Zukunft zu schließen, ist gewagt. Neuerdings gibt es aber von Computern für die nächsten Tage vorausgerechnete Wolkenbilder.
Natürlich haben die Wolkenbilder einen gewissen Informationswert. Interessant ist es deshalb, die Satellitenaufnahmen mit der aktuellen Wetteranalyse, ihren Druckgebilden und Fronten zu vergleichen. Die Wolkenbilder werden nicht nur über Satellitenempfangsanlagen verbreitet; über den Wetterkartenschreiber kann man auch einzelne Bilder in mehreren Graustufen beziehen.

Das Seewetteramt

Die nationalen Wetterdienste, wie der Deutsche Wetterdienst (DWD) in Offenbach, sind durch internationale Verträge verpflichtet, den Seeverkehr bezüglich des Wetters zu sichern. Dazu gehört, daß Wetterberichte, Wettervorhersagen und Warnungen vor Sturm, Nebel und Ver-

eisung herausgegeben werden. Diese Aufgabe hat das Seewetteramt (SWA) in Hamburg (Abbildung 91). Angemerkt sei, daß alles, was mit Eis und in gewissem Umfang mit Seegang zu tun hat, vom Bundesamt für Seeschiffahrt und Hydrographie (BSH) bearbeitet wird. Der Deutsche Wetterdienst ist Mitglied der World Meteorological Organization (WMO in Genf, deren Fachgruppe Maritime Meteorologie für den deutschen Raum vom Seewetteramt wahrgenommen wird.
Räumlich getrennte Ämter, wie das Zentralamt in Offenbach und das Seewetteramt in Hamburg, können im Zeitalter der Datenfernüber-

91 *Seewetteramt in Hamburg (Mitte vor dem Hochhaus), rechts daneben das Bundesamt für Seeschiffahrt und Hydrographie (BSH), links das Tropenkrankenhaus, im Vordergrund die Landungsbrücken*

mittlung problemlos zusammenarbeiten. Insofern stehen alle Informationen, die im Zentralamt auf Großrechnern entstehen, auch dem Seewetteramt zur Verfügung; umgekehrt kann das Seewetteramt die Rechner nutzen. Damit liegt das beste meteorologische Ausgangsmaterial vor, das sich vom Seewetteramt für die Seewetterberichte umsetzen läßt.
Weitere für uns wichtige Arbeitsgebiete des SWA sind die Routenberatung – hier speziell die Törnberatung –, die Überseeklimatologie sowie maritim-meteorologische Gutachten z. B. für Versicherungen, Seeämter, Gerichte.

Welche Wetterberichte stehen zur Verfügung?

Es ist zweckmäßig, sich die aktuellen amtlichen Unterlagen mit Wetterinformationen zu besorgen. Dies kann unter Umständen auch von rechtlicher Bedeutung sein. Das Bundesamt für Seeschiffahrt und Hydrographie (BSH) gibt folgende heraus:

- Nautischer Funkdienst Band III (Wetter- und Eisfunk) (Nr. 2152)
- Jachtfunkdienst Nord- und Ostsee (Nr. 2155)
- Jachtfunkdienst Mittelmeer (Nr. 2159)
- Wetter- und Warnfunk (Nr. 2158)

Vom Seewetteramt:

- Sturmwarnungen und Seewetterberichte für die Sport- und Küstenschiffahrt

Die Vorhersagegebiete für nachfolgende Wetterberichte sind in Abbildung 92 dargestellt.

● **Wetterberichte über Rundfunksender**

1. Der Seewetterbericht für Nord- und Ostsee wird über folgende Sender verbreitet:

Deutschlandfunk	0105, 0640 GZ; 1269 kHz
(DLF)	0105 GZ; 1539, 1575 kHz

Norddeutscher Rundfunk (NDR)	0005 GZ; 558, 576, 657, 702, 729, 972 kHz
Radio Bremen (RB)	2300 GZ; 936 kHz, 93,8 MHz 89,3 MHz Bremerhaven
Deutschlandradio	0105, 0700 GZ; 177 kHz

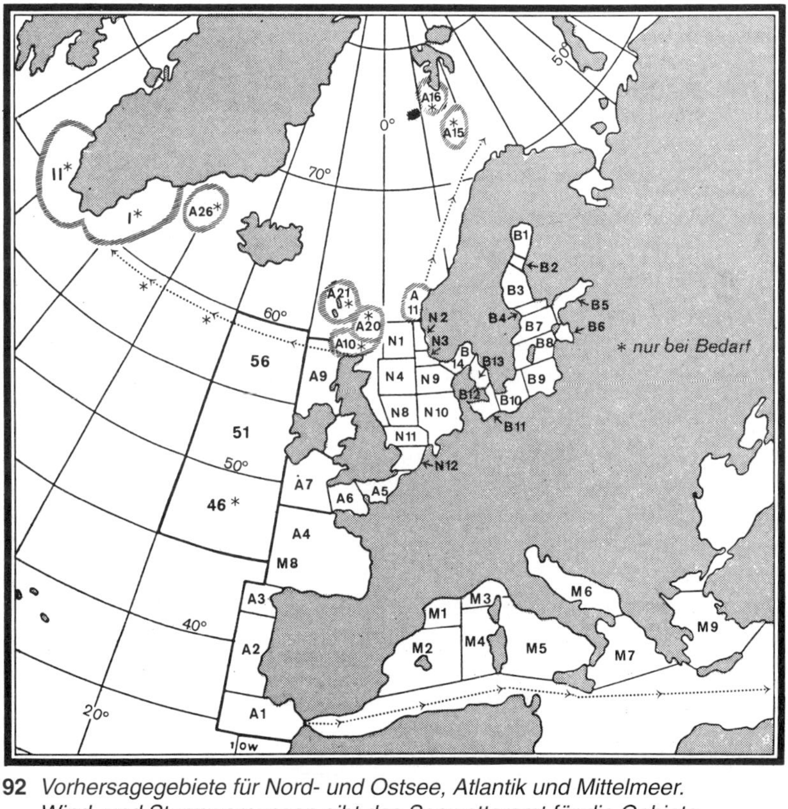

92 *Vorhersagegebiete für Nord- und Ostsee, Atlantik und Mittelmeer. Wind- und Sturmwarnungen gibt das Seewetteramt für die Gebiete N1 bis N12 und B7 bis B14*

Der Seewetterbericht für Nord- und Ostsee gliedert sich folgendermaßen:
Wetterlage
Vorhersage für 12 Stunden
Aussichten für weitere 12 Stunden
Stationsmeldungen von Nord- und Ostsee, die in der Bordwetterkarte Nr. 9 vorgedruckt sind (siehe Abbildung 106)

Weitere öffentliche und private Rundfunksender verbreiten:

2. Seewetterberichte für das Mittelmeer und die Biskaya

3. Regionale Windvorhersagen

4. Vorhersagen für die Sportschiffahrt

● **Wetterberichte über Küstenfunkstellen**
Die Küstenfunkstellen senden in Einseitenbandmodulation (J3E) auf Grenz- und Kurzwelle.
Ferner werden UKW-Seewetterberichte gesendet.
Es gibt auch noch die Morsetelegrafie in A1A.
Weiterhin wird ein gebührenpflichtiger Wetterbericht auf Ersuchen übermittelt.

● **Funkfernschreib-Ausstrahlungen des Seewetteramtes**
über eigene Sender des Deutschen Wetterdienstes
Die Funkfernschreib-Sendungen liefern ein umfangreiches Wetterprogramm für die Schiffahrt. Neben der Kurzwelle ist durch einen Langwellensender ein guter Empfang gesichert. Leider hat dieser Sender einen kleinen Hub (±40 Hz), was manchem Dekoder Schwierigkeiten bereiten kann. Die deutschen Wetterberichte werden in F1B, und zwar „Telex direkt" ausgestrahlt, während die englischen und französischen Berichte auch in F1B, allerdings in SITOR verbreitet werden.

● **Wetterinformationen über die Revierfunkzentralen**
Hierzu gibt es spezielle Hinweise in Veröffentlichungen des BSH:
– Nautischer Funkdienst Band IV (Revierfunk)
– Sprechfunk für die Küstenschiffahrt

● Seewetterbericht und Windvorhersage über Bildschirmtext
Ganzjährig auf Btx-Seite *444406#.
Der Seewetterbericht umfaßt Nordsee-, Ostsee- und Mittelmeergebiete sowie einen Bericht für die Sport- und Küstenschiffahrt.

● Privater Informationsdienst (PID) zum Wetter der Deutschen Telekom
Über Telefon läßt sich eine menügesteuerte Ansage zur Wetterlage und Vorhersage für das angekündigte Gebiet abrufen:

Generalnummer Seewetter	01 90 11 69 20
Generalnummer Wassersportwetter	01 90 11 60 40
Generalnummer Wassersportwetter Ausland	01 90 11 60 53

(Wassersportberichte nur im Sommerhalbjahr 1.04. bis 30.09.;
Adria, Riviera, Golfe du Lion ganzjährig über 01 90 11 60 56)

● Videotext

● Wetterberichte in Tageszeitungen
Die Wetterkarten in den Tageszeitungen geben einen guten Eindruck von der Wetterlage. Insbesondere im „Hamburger Abendblatt“ und in der „Süddeutschen Zeitung“ finden sich Vorhersagekarten für zwei Tage. In Verbindung mit einem Klartext läßt sich so eine gute Vorstellung von der Wetterentwicklung gewinnen.

● Navtex
Navtex ist ein internationales Wetter- und Warnsystem, das Navigations- und Wettermeldungen, Sturmwarnungen, Meldungen über Eisgang und Suchmeldungen sendet. In Deutschland steht kein Sender dieser Art. Rund um die Ost- und Nordsee sind aber genügend Sender auf 518 kHz zu hören. Abbildung 93 zeigt solch ein Gerät.

● Postbezug
Die Wetterkarte – Amtsblatt des Deutschen Wetterdienstes – kann abonniert werden. Auskunft und Probeexemplar über Telefon (0 69) 80 62-2 25.

93 *Navtex-Empfänger*

● Meteorologischer Telefaxservice des Seewetteramtes Hamburg

Seewetterberichte für die Nord- und Ostsee (6 Seiten)
1. Bodenanalyse 00 UTC und 24stündige Vorhersagekarte
2. Vorhersagekarten für 48 und 72 Stunden
3. Wettervorhersage für die Seegebiete der Nord- und Ostsee, gültig für 24 Stunden
4. Wettermeldungen von Stationen um Nord- und Ostsee
5. Mittelfristvorhersagen bis zu 5 Tagen für Nord- und Ostsee

Die Gebühr beträgt zur Zeit 33,50 DM (einmaliger Abruf)
Monatsabonnement 244 DM

Abruf unter Telefax Nr. 0 40/3 17 45 57
Auskünfte und Abonnement: 0 40/31 90-88 01
Der Berichts- und Wetterkartensatz wird täglich um 13.00 Uhr erneuert.

Wetterkarten über Bildfunk

Um Wetterkarten über Bildfunk empfangen zu können, braucht man einen Wetterkartenschreiber (Abbildung 94). Er sollte einen Frequenzbereich von 90 kHz (Langwelle) bis 28 MHz (Kurzwelle) haben. Günstig wäre es, wenn er nach Eingabe einer Sendestation sich selbsttätig die optimale Frequenz auswählen würde.
Damit Wind-, Sturm- und Orkanwarnungen nicht übersehen werden, lassen sich Wetterkartenschreiber mit Navtex-Empfängern koppeln, wobei der Bildfunk unterbrochen wird, wenn Warnnachrichten zu drucken sind.

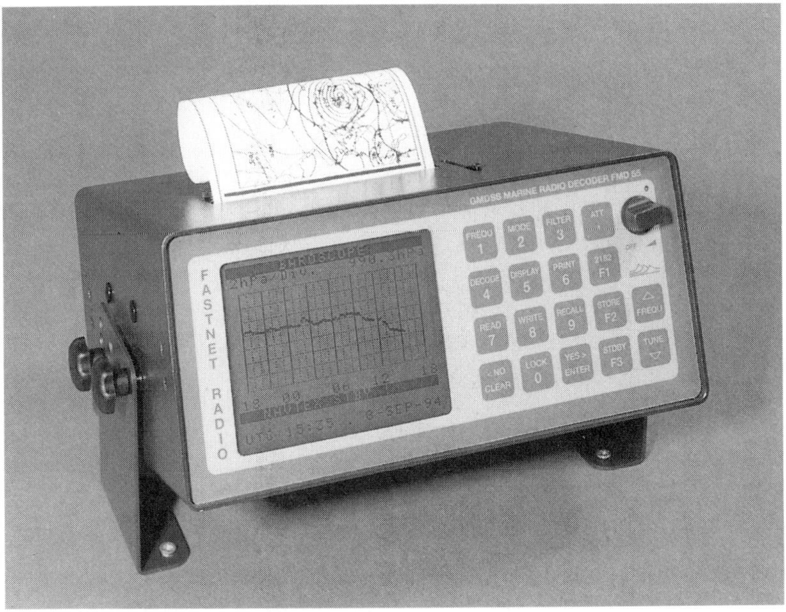

94 *Der Marine Radio Decoder FMD55 mit integriertem Baroskop kann alle Sendearten für Wetterberichte aufnehmen: SSB Radio, NAVTEX, MSI, TELEX, MORSE, FAX*

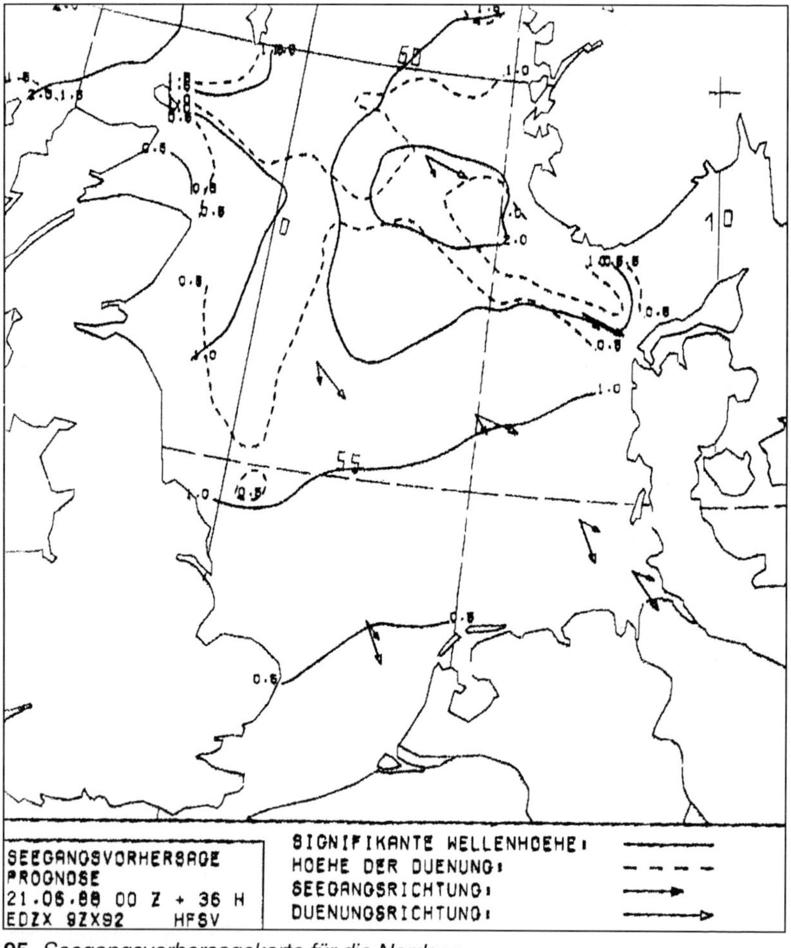

95 *Seegangsvorhersagekarte für die Nordsee*

Solche Kombinationen sind notwendig, da zum Beispiel eine Windwarnung eine Interpretation der Wetterkarten voraussetzt, die aus vielen

Gründen oft nicht möglich ist. Damit ist eine entscheidende Schwäche des Bildfunks angesprochen. Für Wind- und Sturmwarnungen eignen sich die Klartexte der Wetterämter besser als die üblichen, nicht dafür aufbereiteten Wetterkarten. Auch die meist kleinen Formate der Wetterkartenschreiber sind nachteilig. Für eine Törnplanung allerdings sind Wetterkarten vorzuziehen.

Mit Bildfunk bekommt man viele Wetterinformationen, wenn auch nicht alle. Denn die Wetterämter betreiben eine gewisse Informationspolitik, indem nicht alles ausgestrahlt wird: Etliche Informationen werden nur über hausinterne Leitungen verbreitet. So beispielsweise die Prognosen über 96 Stunden hinaus.

Ideal wären Wind- und Seegangsvorhersagekarten (Abbildung 95; z. Z. nicht zu empfangen) nur für Nord- und Ostsee sowie das Mittelmeer in großem Maßstab.

Die für uns interessantesten Bildfunkkarten (Faksimilekarten) aus Deutschland:

- Bodenanalyse mit Fronten- und Stationsmeldungen von 0000, 0600, 1200, 1800 UTC
- Bodenwetterkarte Nordatlantik mit Verlagerungspfeilen, tropischen Wirbelstürmen und signifikantem Wetter, Eis
- Arbeitswetterkarten nur mit Stationseintragungen von 0300, 0900, 1500, 2100 UTC
- Bodenvorhersage mit Fronten ohne Windangaben für 36, 48, 72 Stunden
- 36- und 48-Stunden-Windvorhersage in 10 m Höhe
- Bodendruck-Vorhersageverteilung ohne Fronten und ohne Windgeschwindigkeit für 24, 48, 72, 96 Stunden
- 500-hPa-Höhenwetterkarte, gerechnet für 12 bis 36 Stunden
- Wassertemperaturen der Nordsee
- Wassertemperaturen- und Eiskarte des Nordatlantiks
- Seegangsvorhersage für 60 Stunden vom Nordatlantik
- Eiskarte Ostsee (zwei Teile)
- Eisverhältnisse in der westlichen Ostsee und im westlichen Atlantik

Für Bodenwind-Vorhersagen wähle man Northwood oder Rota an.

Symbole in den Bodenwetterkarten

1. Die *Fronten* werden durch folgende Symbole dargestellt:

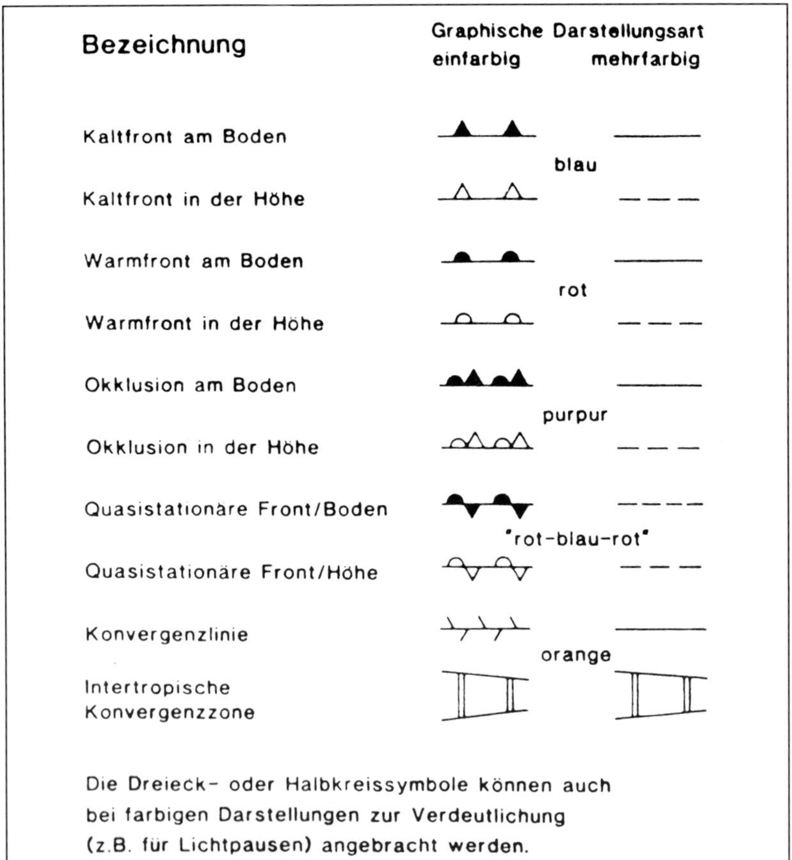

96 *Frontensymbole*

2. Bei der freiwilligen Mitarbeit ist eine *Bodenwettermeldung* wie bei einer Seestation nach FM 13-VIII SHIP zu verschlüsseln:

$YYGGi_w$ $99L_aL_aL_a$ $Q_cL_oL_oL_oL_o$ i_Ri_xhVV $Nddff$ $(00fff)$ $1s_nTTT$ $2s_nT_dT_dT_d$

Datum Position Sicht Wind Böen (fff≥99Kt) Lufttemp. Taupunkt

$4PPPP$ $5appp$ $7wwW_1W_2$ $8N_hC_LC_MC_H$ $222D_sv_s$ $0s_nT_wT_wT_w$ $2P_wP_wH_wH_w$

Luftdruck Tendenz Wetter Wolken Kurs&Fahrt Wassertemp. Windsee

$3d_{w1}d_{w1}d_{w2}d_{w2}$ $4P_{w1}P_{w1}H_{w1}H_{w1}$ $5P_{w2}P_{w2}H_{w2}H_{w2}$ $6I_sE_sE_sR_s$ $ICEc_iS_ib_iD_iz_i$

Dünung 2. Dünung 3. Dünung Eisansatz

oder Klartext

97 *Schiffsschlüssel*

3. Obiger See-Obs wird nach folgendem Schema als *Stationsmodell* dargestellt:

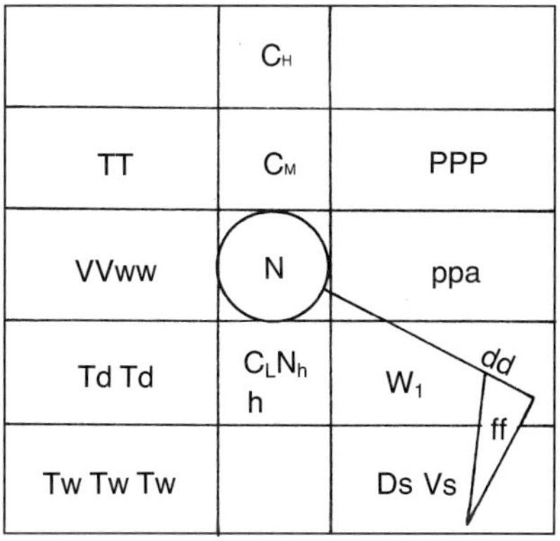

98 *Stationsmodell einer Schiffsmeldung:*
Windsee und Dünung können noch angefügt werden

4. Beispiel für eine *maschinelle Eintragung einer Wettermeldung:*
IIiii kennzeichnet eine Landstation beziehungsweise einen Hafen.
10131 bedeutet Deutschland (10) und Cuxhaven (131).
Diese Zahlen sind in der Bordwetterkarte 1 vorgedruckt.

Stationsmodell auf der Bodenwetterkarte

(maschinelle Eintragung)

Beispiel einer Wettermeldung (Synop-Schlüssel)

IIiii $i_R i_x hVV$ Nddff $1s_nTTT$ $2sT_dT_dT_d$ 4PPPP 5appp $7wwW_1W_2$ $8N_hC_LC_MC_H$

10131 41570 53035 10054 21011 40158 52021 72186 82842

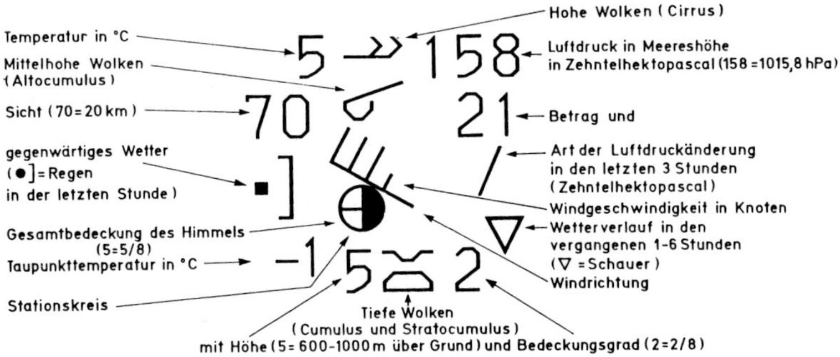

Zusätze bei Schiffsmeldungen
links unten: Wassertemperatur in Zehntel °C
rechts unten: Schiffskurs (Pfeil) und Geschindigkeit (Schlüsselziffer)

99

5. Die Symbole werden entsprechend den gemeldeten Zahlen einer *Symboltafel* entnommen:

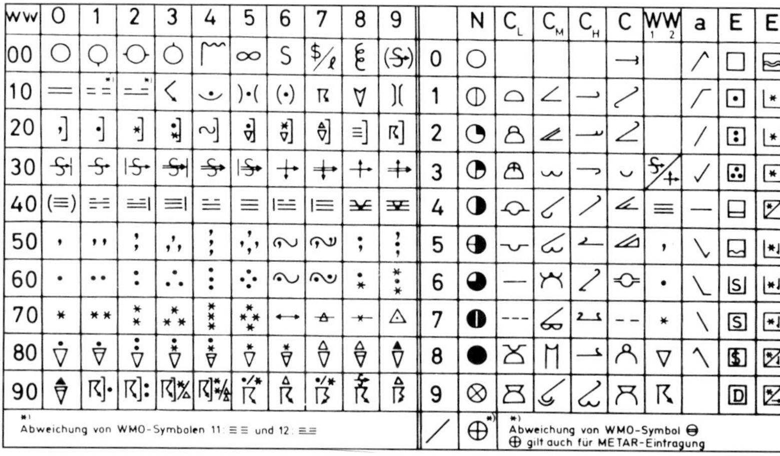

100 *Symboltafel*

Sturmwarnungen

In allen Ländern gibt der Wetterdienst Wind-, Sturm- und Orkanwarnungen sowie Böenwarnungen heraus. Diese Warnungen gelten vor allem der Küstenschiffahrt und der Fischerei, aber auch für den Sportschiffer, und müssen sorgfältig beachtet werden.
Sind nach der Wetterlage Winde der Stärke 6–7 zu erwarten, gibt es *Starkwindwarnung,* bei Winden von Stärke 8 und darüber *Sturmwarnung.*
Nähere Angaben finden sich im „Jachtfunkdienst" sowie im „Nautischen Funkdienst" und „Sprechfunk für Küstenschiffahrt".

Starkwind- und Sturmwarnungen werden akustisch und optisch verbreitet (siehe die vorangegangenen Abschnitte). Radiosender bringen entsprechende Warnungen fast stündlich nach den Nachrichten.
An der ganzen deutschen Küste gab es optische Sturmwarnstellen, die jedoch aus Kostengründen aufgegeben wurden. Vereinzelte, schiffahrtsbezogene Ämter ziehen in Eigeninitiative an ihrem Ort die Wind- und Sturmsignale hoch. Ihre Bedeutung zeigt Abbildung 101.

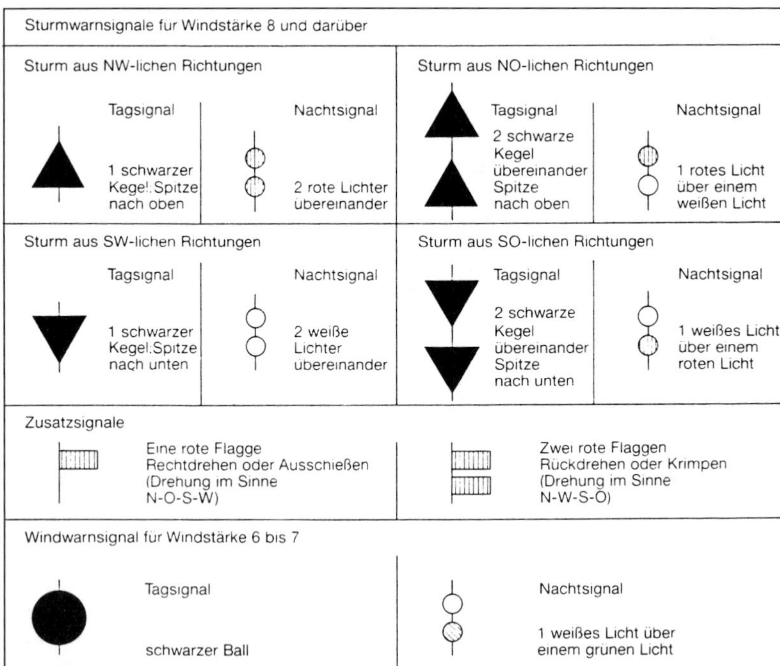

101 *Internationale optische Wind- und Sturmwarnsignale – in Deutschland werden sie nur noch vereinzelt gegeben*

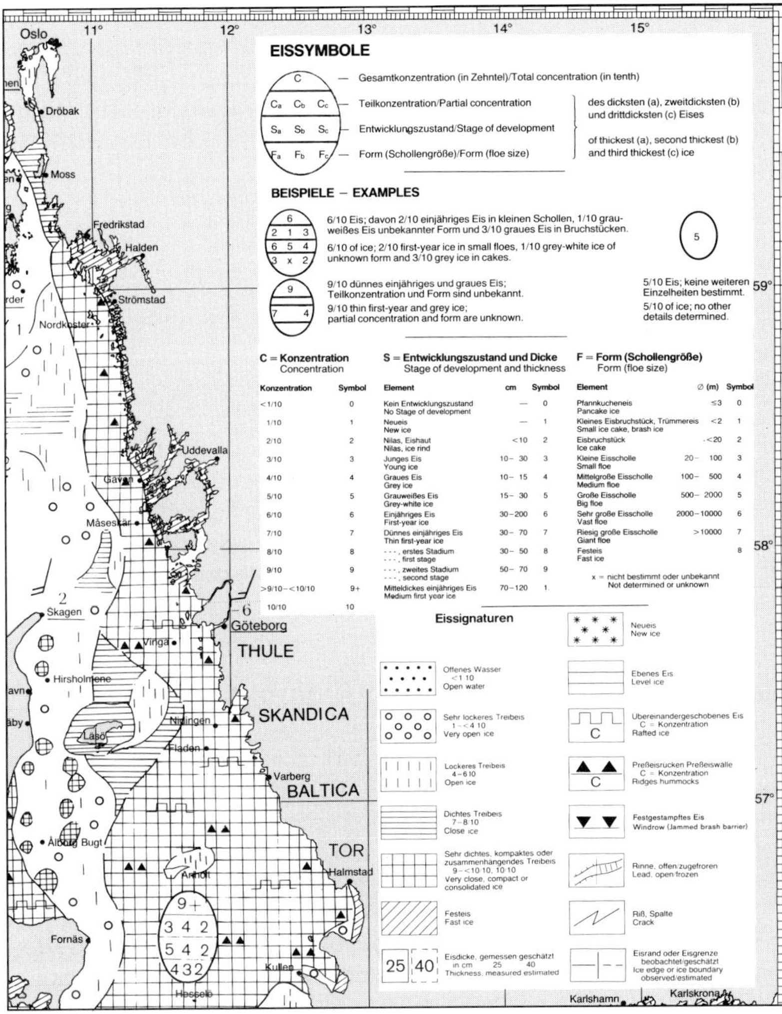

102 *Ausschnitt aus einer Eiskarte*

Warntelefon
Unter der Rufnummer (040) 3 19 66 28 kann rund um die Uhr die neueste Wind- beziehungsweise Sturmwarnung für die einzelnen Teilgebiete der deutschen Nord- und Ostseeküste abgerufen werden. Liegt keine Warnung vor, ist eine Windvorhersage für Deutsche Bucht und westliche Ostsee zu hören.

Eiswarndienst

Es sei zur Ergänzung erwähnt, daß selbstverständlich auch ein *Eismeldedienst* aufgezogen ist und regelmäßig Eismeldungen und Eisvorhersagen für alle gefährdeten Gebiete ausgegeben werden. Die Eismeldungen beschreiben das vorhandene Eis und geben an, wieweit die Schiffahrt behindert wird.
Dazu dienen der Eisschlüssel FM 44-V ICEAN und in der Ostsee ein spezieller Schlüssel für alle Häfen („Nautischer Funkdienst“ Band III).
In den letzten Jahren hat sich die internationale Eissymbolik in den Faksimile-Eiskarten unglaublich verfeinert – ein Beispiel zeigt Abbildung 102.

Monatskarten und Seehandbücher

Wer seine Fahrt sorgfältig vorbereiten will, sollte sich lange vorher mit den *mittleren* Wetterverhältnissen seines Fahrgebietes beschäftigen.
Dieser mittlere Zustand, von den Wetterforschungsanstalten aus langen Beobachtungsserien abgeleitet, steht uns zur Verfügung in Form von Abschnitten in den Seehandbüchern, in Monatskarten, Klima-Atlanten usw.
Jedes *Seehandbuch* behandelt in einem besonderen Abschnitt die Wetterverhältnisse des dargestellten Gebietes ebenso wie Lufttemperatur, Luftdruck, Wind, Stürme, Nebelgefahr, Bewölkung, Niederschläge und Gewitter sowie typische Wetterlagen.

Von großem Nutzen aber ist das Studium der *Monatskarten,* besonders dann, wenn man auf große Fahrt gehen will. Monatskarten werden in Deutschland vom Bundesamt für Seeschiffahrt und Hydrographie (BSH) zum Beispiel für den Nordatlantik herausgegeben.
Diese Karten enthalten auf der Vorderseite Windsterne für jedes Feld (etwa 5° x 5°), Oberflächenströmungen, die mittleren Grenzen der Windgebiete (Passat), Klimawerte der Häfen und Wetterschiffe, Eisgrenzen, Schiffswege. Nebenkarten auf der Rückseite geben Auskunft über die Sturm-, Nebel- und Niederschlagshäufigeit, über vorherrschende Winde, Lufttemperatur, Luftdruck usw. Außerdem werden Wetterbeispiele geschildert („Was sind tropische Wirbelstürme und Hurrikane?"), Anregungen für die meteorologische Navigation gegeben.
Auch andere Länder geben solche Karten heraus, wie das Hydrographic Center in den USA die *Pilot charts.*

Wie nutze ich die Wetterinformationen aus?
Meteorologische Navigation

Klimanavigation

In der Berufsschiffahrt spricht man von *meteorologischer* Navigation, wenn man Gebiete mit günstigen Wetterlagen aufsucht oder solche mit ungünstigen zu meiden versucht, um die Reise möglichst zu beschleunigen und dabei Schiff, Ladung und Besatzung zu schonen.
Natürlich ist man dabei an Grenzen gebunden, durch die Art der Ladung, die Eigenschaften des Schiffes, das Reiseziel und den Aktionsradius des Schiffes. Es werden aber doch sehr gute Erfolge durch eine geschickte meteorologische Navigation erzielt. Das berühmteste Beispiel ist dabei wohl der „Weg für schwache Dampfer“ im Nordatlantik. Im Winter ist der Nordatlantik stark sturmgefährdet. Während selbst die Schnelldampfer auf dem Wege nach Amerika Verspätungen von Tagen haben können, würden schwache Schiffe ihr Ziel gegen die Wucht der Elemente überhaupt nicht erreichen können, wenn sie nicht so weit nach Süden hielten, daß sie in die Sturmgebiete nicht mehr hineinkommen. Das heißt, sie müssen bis auf 30° Breite nach Süden laufen, um auf dieser Breite westwärts zu fahren, ein großer Umweg, der aber das Schiff sicher und ohne zu starke Belastung ans Ziel führt.
Wieviel mehr muß der Segler meteorologisch navigieren, der zwar nicht in diesem Maße an ein Ziel und eine Route gebunden ist, aber andererseits durch die Größe beziehungsweise Kleinheit seines Untersatzes und die Segeleigenschaften seines Bootes sich viel weitgehendere

Beschränkungen auferlegen muß als der Dampfer mit seinen Tausenden von Pferdestärken!
Jeder wird also bei einer bevorstehenden Reise das Wetter in seine Planung mit einbeziehen. Wenn der Törn weit mehr als sieben Tage dauert, kann man auf Wettervorhersagekarten, die regelmäßig erscheinen und diesen Zeitraum überdecken, nicht mehr zurückgreifen. Dann wird man sich zunächst mit dem *Klima* des zu befahrenden Gebietes vertraut machen müssen, den *mittleren* Wind- und Wetterverhältnissen also. Hilfsmittel für dieses Studium, das jeder Reise vorangehen sollte, sind Monatskarten, Klima-Atlanten und Seehandbücher. Wir haben bereits besprochen, wie in den Monatskarten die Windverhältnisse durch Windsterne dargestellt werden. Stellt man darin für sein geplantes Segelgebiet und für seinen Reisemonat fest, daß 75 % der Winde gegenan wehen würden, dann sollte man sich doch überlegen, ob man seinen Kurs auch anders legen kann, um auf günstigere Verhältnisse zu treffen. Man nennt dies *Klimanavigation.*
Ein gutes Beispiel solcher Reiseplanung ist die Reise der „Senta“ im Monat Juli.

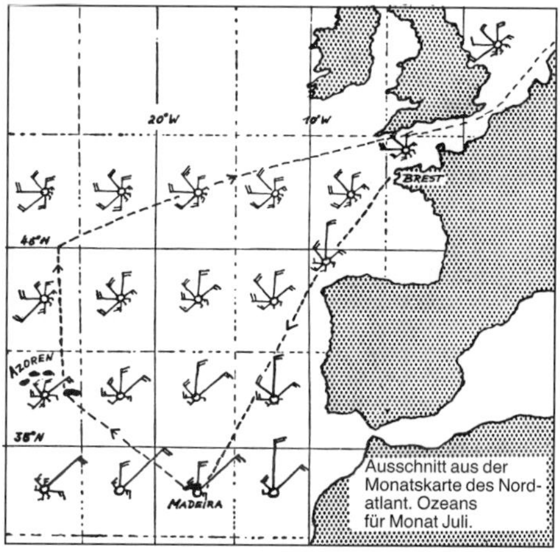

103 *Monatskarte, welche für die Planung der „Senta“-Reise (– – – –) grundlegend war*

Die Abbildung 103 zeigt einen Ausschnitt der Monatskarte für Juli, die für die Planung der Reise der „Senta“ rund um das Azorenhoch maßgebend war.
Nachdem man sich über die mittleren Verhältnisse orientiert hat, muß man natürlich die wirklich herrschende Großwetterlage kennen, sich um die *Witterung* kümmern, die Wind- und Wetterverhältnisse zu erforschen suchen, die an den Reisetagen dieses Jahr herrschen werden. Sie können von den mittleren sehr stark abweichen.
Die Abbildungen 104 und 105 zeigen die Umsetzung einer geglückten Klimanavigation.

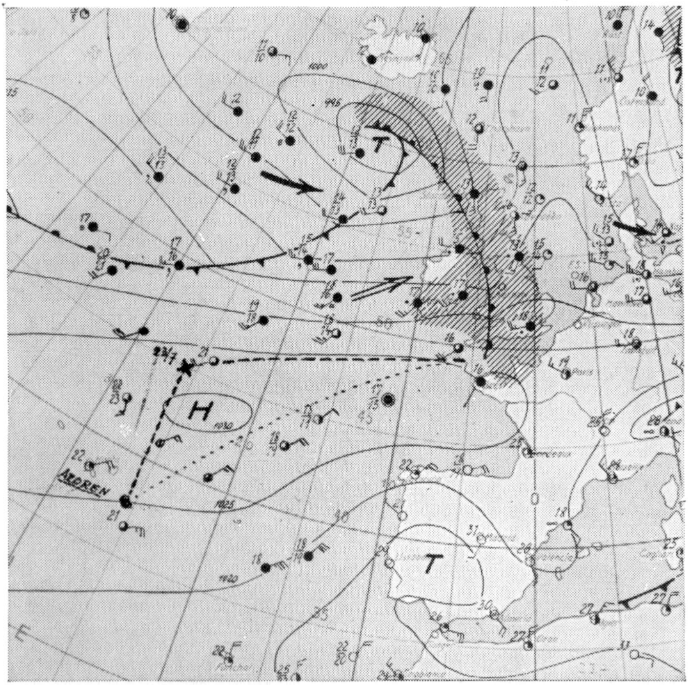

104 *Wetterlage am 23. Juli. Position der „Senta“ durch Kreuz gekennzeichnet. – – – – gesegelter Weg, ... direkter Weg Azoren–Kanal*

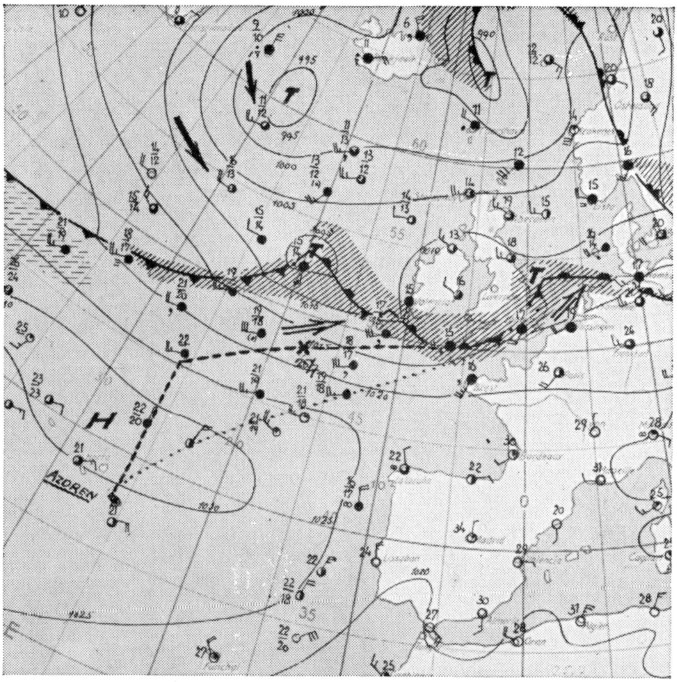

105 *Wetterlage vom 25. Juli. Position der „Senta" durch Kreuz gekennzeichnet*

Witterungsnavigation

Der Deutsche Wetterdienst erstellt täglich Wetterkarten mit von Großrechnern gelieferten Wettervorhersagen für einen Zeitraum von 8 Tagen. Damit läßt sich für 192 Stunden der Witterungscharakter beschreiben. Bezieht man diese Karten in die Navigation ein, betreiben wir *Witterungsnavigation.*

Der Ausdruck *Witterung* bezeichnet genaugenommen ein mehr oder weniger einheitliches Wetter über eine nicht festgelegte Periode, z. B. eine typische Nordwestlage im Sommer: regnerisch, kühl, windig. Dieser

Zustand ist nur gebunden an eine entsprechende Großwetterlage. Insofern ist die Koppelung einer bestimmten Zeit mit dem Begriff Witterung nicht ganz korrekt.
International ist die Definition für eine Vorhersage von mehr als 72 Stunden bis zu 10 Tagen *Mittelfristvorhersage.* Die Witterungsnavigation müßte demnach genauer bezeichnet werden als „Navigation nach Mittelfristvorhersage“, zumal der Deutsche Wetterdienst unter dieser Bezeichnung eine Wettervorhersage ausstrahlt.
Ein Beispiel vom 15. April 1991 soll den Umfang und den Inhalt der Mittelfristvorhersage verdeutlichen. Die ganze Woche vor dem 15. April herrschte in Norddeutschland eine Art „Vorsommer“. Die ersten Leute bräunten sich in der Sonne. Noch am Montag wehte ein warmer Wind. Niemand konnte sich einen plötzlichen Wetterumschwung zum „Nachwinter“ vorstellen, wie er in der Mittelfristvorhersage angekündigt wurde. Die Witterungsnavigation für die Zeit nach dem 15. April ist sehr einfach: nicht auslaufen!

MITTELFRIST – SEEWETTERBERICHT FÜR NORD- UND OSTSEE
VON MONTAG, DEM 15.04.1991, 12 UHR GZ

WETTERLAGE UND -ENTWICKLUNG
STURMTIEF 980 WESTLICH DER BAERENINSEL SUEDOST WAERTS ABZIEHEND, AM MITTWOCH NORDWESTRUSSLAND. HOCH 1040 WESTLICH DER HEBRIDEN NORDWEST BIS NORD VERLAGERND, AM MITTWOCH SÜDLICH ISLANDS. STURMTIEF 985 OESTLICH NEUFUNDLANDS LANGSAM NORDWEST ZIEHEND = TIEFNEUBILDUNG SUEDOSTGROENLAND WIRD DAHER ERWARTET. NEUES TIEF 1020 SUEDOSTGROENLAND VERTIEFEND, NORDOST ZIEHEND, SPAETER SUEDOST SCHWENKEND, AM DONNERSTAG MITTLERE NORDSEE. STURMTIEF 1005 WESTLICH KAP SAO VINCENTE LANGSAM NORD ZIEHEND, SPAETER AUFFUELLEND.

VORHERSAGE FUER DIE NORDSEE
DIENSTAG:
NORDWEST ZUNEHMEND, NORDTEIL 9, SCHWERE STURMBOEEN, SEE 4 M, MITTLERE SICHT
MITTWOCH:
NORD 9, NORDTEIL 9 BIS 10, ORKANARTIGE BOEEN, SEE ZUNEHMEND 6 M, SCHLECHTE SICHT
DONNERSTAG:
NOERDLICHE WINDE ABNEHMEND 8, SEE 5 M, SCHAUERBOEEN, SONST GUTE SICHT
FREITAG:
WESTDREHEND, ABNEHMEND 5, IM NORDTEIL SUEDWEST 8, SEE 3 BIS 4 M, SCHLECHTE SICHT
SONNABEND:
SUEDWEST BIS WEST 9, NORDWESTDREHEND, SEE 5 BIS 6 M, SCHLECHTE SICHT
TEMPERATUREN LUFT 6 GRAD, SPAETER 2 GRAD
TEMPERATUREN WASSER 7 GRAD

VORHERSAGE FUER DIE OSTSEE
DIENSTAG:
WEST BIS NORDWEST DREHEND 7, ZUNEHMEND 8 BIS 9, SCHWERE SCHAUERBOEEN, SCHLECHTE SICHT
MITTWOCH:
NORD 8 BIS 9, ABNEHMEND 7, BOEIG, GUTE SICHT
DONNERSTAG:
NORDOST BIS NORD ABNEHMEND 5 BIS 6, BOEIG, GUTE SICHT
FREITAG:
NOERDLICHE WINDE ABNEHMEND 4, WESTDREHEND, GUTE SICHT
SONNABEND:
SUEDWEST ZUNEHMEND 7, SKAGERRAK 10, SCHLECHTE SICHT
TEMPERATUREN LUFT 4 BIS 6 GRAD, SPAETER 2 GRAD
TEMPERATUREN WASSER 5 BIS 7 GRAD

SEEWETTERAMT =

Wetternavigation

Die *Kurzfristvorhersage* beschreibt das Wetter für den Zeitraum von 0 bis zu 72 Stunden. Dieser Zeitrahmen eignet sich für die Wetternavigation, da hierfür detaillierte Wetterkarten zur Verfügung stehen. Wegen der Güte der Vorhersage sollte man sie für keinen längeren Zeitraum wählen als nötig. Es genügt, die Törndauer der Vorhersagedauer anzugleichen. Dazu ist es nützlich, die Kurzfristvorhersage in einzelne Perioden zu unterteilen. Von den Wetterdiensten werden 12-, 24-, 36-, 48- und 72stündige Wetterprognosen angeboten.
Gehen wir die einzelnen Vorhersagezeiträume durch:

0–6 Stunden
Diesen Zeitraum gibt die aktuelle Wetterkarte wieder.

0–12 und
12–24 Stunden
Vorhersage-Zeitraum der Seewetterberichte mit Wetterlage, Vorhersage für 12 Stunden und Aussichten für weitere 12 Stunden. Diesen Zeitraum umfaßt auch der Seewetterbericht Mittelmeer. Beispiele sind im Kapitel über das Zeichnen von Wetterkarten (Seite 166) zu finden.

0–18 und
18–42 Stunden
Die etwas ausgefallenen Zeiten ergeben sich aus dem Ausstrahlungstermin des (Südwest-)Europäischen Küsten-Wetterberichtes. Er bringt die Wetterentwicklung für die nächsten 2 Tage, Vorhersagen für 18 Stunden und die Aussichten für die nachfolgenden 24 Stunden (Beispiel siehe Seite 163).

0–72 Stunden
Der Mittelfrist-Seewetterbericht gibt einen Überblick über Seegang und Winde im Bereich Nord- und Ostsee (s. Seite 160).

EUROPAEISCHER KUESTEN-WETTERBERICHT VOM 04.05.1991
VON SONNABEND BIS MONTAG.

WETTERLAGE UND ENTWICKLUNG
KOMPLEXES TIEFDRUCKSYSTEM MIT KERNEN 1000 GOLF VON GENUA, 1002 UNGARN, 1006 NOERDLICHES NIEDERSACHSEN, INSGESAMT LANGSAM NORDOST ZIEHEND. UMFANGREICHES HOCH 1042 AUF 49 NORD 22 WEST, WENIG AENDERND. KEIL 1030 ISLAND, ABSCHWAECHEND, SUEDSCHWENKEND. WEITERER KEIL 1025 AUF 46 NORD 43 WEST, NORDSCHWENKEND, MORGEN FRUEH SUEDGROENLAND. HOCH 1032 GROENLAND, WENIG AENDERND. TIEF 1009 NOERDLICH NORDKAP, ETWAS VERTIEFEND, OSTZIEHEND. TIEF 1008 DICHT OESTLICH KAP FARVEL, VERTIEFEND, NORDOSTZIEHEND, MORGEN DOHRNBANK. FLACHES TIEF 1013 OESTLICH STRASSE VON GIBRALTAR, NORDOST ZIEHEND, MORGEN BALEAREN. TIEFDRUCKRINNE 1007 SUEDITALIEN, 1008 OESTLICH SIZILIEN, 1008 GROSSE SYRTE, WENIG AENDERND. FLACHES HOCH 1020 NOERDLICH ZYPERN WENIG AENDERND.

VORHERSAGE BIS SONNTAG FRUEH
STRECKE NORDKAP BIS LOFOTEN
NORD 6 BIS 7 ETWAS RUECKDREHEND.
STRECKE LOFOTEN BIS SVINOY
NORD BIS NORDWEST 6, SUEDTEIL ABNEHMEND 4.
HEBRIDEN
NORD BIS NORDWEST 7.
GEBIET 56
UND
GEBIET 51
NORDWESTLICHE WINDE 6 BIS 7 LANGSAM RUECKDREHEND

ETWAS ABNEHMEND.
SUEDLICH IRLAND
NORDWEST BIS NORD 6.
BISKAYA
NORDWEST BIS NORD 6, INNERE BISKAYA 5.
FINISTERRE
NOERDLICHE WINDE 6 BIS 7 STRICHWEISE 8.
WESTLICH PORTUGAL
NOERDLICHE WINDE 6 BIS 7.
WESTLICH GIBRALTAR
NOERDLICHE WINDE 4 BIS 5 ZUNEHMEND.
STRECKE GIBRALTAR BIS TUNIS
SCHWACHWINDIG RAUM GIBRALTAR SPAETER NOERDLICHE WINDE 5 BIS 6.
STRECKE TUNIS BIS SUEDLICH KRETA
WESTTEIL NOERDLICHE WINDE 4 BIS 5, OSTTEIL SUEDLICHE WINDE UM 5, SCHAUERBOEEN.
STRECKE SUEDLICH KRETA BIS PORT SAID
WECHSELNDE RICHTUNGEN 2 BIS 4.
STRECKE PENTLANDS BIS 20 WEST
NORDWEST 5 BIS 6 RUECKDREHEND.
STRECKE 20 WEST BIS KAP FARVEL
SUED BIS SUEDWEST 5 BIS 6 ZUNEHMEND 7, KAP FARVEL WEST BIS NORDWEST 8.
DOHRNBANK
WESTLICHE WINDE 6 ZUNEHMEND 9 SPAETER RECHTDREHEND.
SUEDOSTGROENLAND
NORDWESTLICHE WINDE 6 STRICHWEISE 7 BIS 8 LANGSAM RUECKDREHEND.
SUEDWESTGROENLAND
WEST BIS NORDWEST 5 BIS 6 LANGSAM ABNEHMEND.
AUSSICHTEN BIS MONTAG FRUEH

STRECKE NORDKAP BIS LOFOTEN
NOERDLICHE WINDE 6 ETWAS ABNEHMEND.
STRECKE LOFOTEN BIS SVINOY
NOERDLICHE WINDE 4 BIS 5.
HEBRIDEN
NORDWEST BIS WEST 6.
GEBIET 56
WEST BIS NORDWEST 6.
GEBIET 51
WEST BIS NORDWEST 6 ETWAS ABNEHMEND.
SUEDLICH IRLAND
NORD 6 ETWAS ABNEHMEND.
BISKAYA
NORD 5 BIS 6 ABNEHMEND 4.
FINISTERRE
NORD 7.
WESTLICH PORTUGAL
NORD 7 ETWAS ABNEHMEND.
WESTLICH GIBRALTAR
NORD 5 BIS 6 ETWAS ABNEHMEND.
STRECKE GIBRALTAR BIS TUNIS
NOERDLICHE WINDE 3 BIS 4, GIBRALTAR 5.
STRECKE TUNIS BIS SUEDLICHE KRETA
NOERDLICHE WINDE 5, OSTTEIL SUEDOST BIS SUED 5.
STRECKE SUEDLICH KRETA BIS PORT SAID
WECHSELNDE RICHTUNGEN 2 BIS 4.
STRECKE PENTLANDS BIS 20 WEST
NORDWEST BIS WEST 6 RUECKDREHEND.
STRECKE 20 WEST BIS KAP FARVEL
SUEDWEST 7 STRICHWEISE 8, RECHTDREHEND ABNEHMEND 6, KAP FARVEL SCHWACHWINDIG, SPAETER SUEDOST ZUNEHMEND 8.
DOHRNBANK

NORD BIS NORDOST 8, LANGSAM ABNEHMEND 4 BIS 5.
SUEDOSTGROENLAND
NOERDLICHE WINDE 6 ABNEHMEND 4 BIS 5, SUEDTEIL SUEDLICHE WINDE 4.
SUEDWESTGROENLAND
SCHWACHWINDIG, SPAETER OST BIS SUEDOST 5, SUEDTEIL 6.

SEEWETTERAMT =

Zeichnen von Wetterkarten

In mehreren Punkten ist der gesprochene Seewetterbericht unbefriedigend. So ist z. B. die örtliche Lage mehrerer Druckgebilde und auch die der Fronten kaum vorstellbar. Ihre Ausdehnung ist nicht zu erfassen, und in welcher Reihenfolge die Gebilde auf den Betrachter zukommen, läßt sich ebenfalls nicht überblicken.
Etliche Unklarheiten können allerdings dadurch beseitigt werden, daß eine Wetterkarte gezeichnet wird.
Es gibt zwei völlig verschiedene Wege, entsprechend den Übermittlungen der Wetterdienste eine Wetterkarte anzufertigen.
Die Methode des Deutschen Seewetteramtes besteht darin, daß das Amt eine fertige Wetterkarte nimmt und die Wetteranalyse darin in Worte faßt. Entsprechend der mündlichen Beschreibung soll der Empfänger wieder eine ähnliche Wetterkarte anfertigen.
Dazu sind folgende Unterlagen hilfreich:
- Vordruck Bordwetterkarte Nr. 9: Nord- und Ostsee (für Deutschlandfunk) – Abbildung 106
- Vordruck Bordwetterkarte Nr. 11: Mittelmeer (für Deutsche Welle und Österreichischer Rundfunk) – Abbildung 107
- Vordruck Bordwetterkarte Nr. 1: Östlicher Nordatlantik

DLF-Sendung vom .... 01.05 (1539 und 1269 kHz), 06.40 (1269 kHz) Uhr GZ

Wetterlage von , Uhr

Stationsmeldungen vom , Uhr
1 Sklinna
2 Svinöy
3 Stavanger
4 Aberdeen
5 Tynemouth
6 Hemsby
7 Den Helder
8 Norderney
9 Helgoland
10 List auf Sylt
11 Thyboron
12 Skagen
13 Fornaes
14 Kullen
15 Kegnaes
16 Kiel-Holtenau
17 Puttgrd.-Aut.
18 Mön
19 Arkona
20 Bornholm
21 Visby
22 Mariehamn
23 Hel
24 O-Wetterschiff L
25 Cherbourg
26 Belmullet

Vorhersagen bis heute 24 Uhr - heute 12 Uhr - heute 18 Uhr	Aussichten bis morgen 12 Uhr - heute 24 Uhr - morgen 06 Uhr
N10, Deutsche Bucht	
Südwestliche Nordsee (N11 Humber, N12 Themse)	
N9, Fischer	
B14, Skagerrak	
B13, Kattegat	
B12, Belte und Sund	
B11, Westliche Ostsee	
B10, Südliche Ostsee	

Symbole:

❟ Sprühregen, • Regen, ✱ Schnee, ▲ Graupel, △ Hagel, = diesig, ≡ Nebel, ꞅ Gewitter, Regenschauer, Schneeschauer, ⟨ Wetterleuchten, ┿ Schneetreiben,

106 *Bordwetterkarte Nr. 9 des Deutschen Wetterdienstes*

Deutsche Welle Köln – Seewetterbericht vom .... 19 .. montags bis freitags 17.50 UTC, sonnabends 17.35 UTC, sonn- und feiertags 17.10 UTC (6075 und 9545 kHz)
Im Rahmen des Reisejournals

Wetterlage von heute 09.00 UTC

Stationen mit "*" sowie Stationskreise in der Karte ohne Nummer werden vom ORF gemeldet.

Stationsmeldungen vom ...., 12.00 UTC

1 Brest*
Bordeaux
Biarritz
2 La Coruna*
Lissabon
3 Gibraltar*
Almeria
4 Palma de Mallorca*
Barcelona
5 Marseille*
Oran
6 Genova*
Algier
Tunis
7 Grosseto
8 Ajaccio*
9 Ponza*
10 Cagliari*
11 Messina*
12 Malta*
13 Brindisi*
14 Ancona*
15 Venezia
Triest
16 Pula*
17 Split*
Dubrovnik
18 Ulcinj*
Korfu
19 Kithira
20 Athen
21 Mytilene (Lesbos)
22 Heraklion
23 Rhodos
Skyros
Naxos
Antalya

Vorhersagen bis morgen mittag

M 1 Golfe du Lion
M 2 Balearen
M 3 Ligurisches Meer
M 4 Westlich Korsika/Sardinien
M 5 Tyrrhenisches Meer
M 6 Adria
M 7 Ionisches Meer
M 9 Ägäis
M 8 Biskaya

Seewetterbericht und Wettermeldungen des ORF 25.03. bis Okt. 1990

1. Im Rahmen des Reise u. Urlaubsservice: um 05.30 UTC, an Sonn- u. Feiertagen um 05.45 auf 6155, 13730, 15410 und 21490 kHz jeweils ca. 15 Minuten nach Beginn der Sendung Stationsberichte, an Sonn- u. Feiertagen auch Großwetterlage und Prognose
2. um 10.10 UTC Stationsberichte, Großwetterlage u. Prognose (sonn- u. feiertags: Gesamtlage), jeweils ca 5 Minuten nach Sendebeginn auf 6155 und 13730 kHz

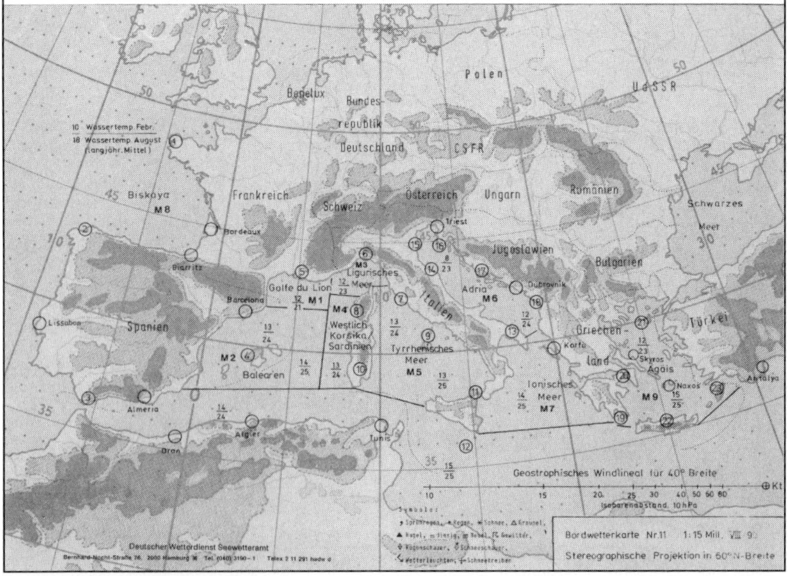

107 *Bordwetterkarte Nr. 11 des Deutschen Wetterdienstes*

Wer den Seewetterbericht von Hand mitschreibt, hat häufig Schwierigkeiten zu folgen. Deshalb empfiehlt sich, folgende Abkürzungen zu benutzen:

H	= Hoch	zun	= zunehmend
T	= Tief	abn	= abnehmend
HK	= (Hoch-)Keil	W-dr	= westdrehend
OK	= Okklusion	E'l	= östlich
TA	= Tiefausläufer	•	= Regen(-schauer $\overset{\bullet}{\triangledown}$)
WF	= Warmfront	,	= Sprühregen
KF	= Kaltfront	≡	= Nebel
Tr	= (Tiefdruck-)Trog	=	= feuchter Dunst
fl	= flach	⚡	= Gewitter
umf	= umfangreich	$\overset{\blacktriangle}{\triangledown}$	= Hagelschauer
↷	= rechtsdrehend	$\overset{\triangle}{\triangledown}$	= Graupelschauer
↶	= rückdrehend	✱	= Schnee(-schauer $\overset{*}{\triangledown}$)

Beim Zeichnen beachte man folgende Regeln:

- In deutschen Wetterkarten werden die Isobaren im Abstand von 5 zu 5 hPa gezeichnet. Zum Kern des Tiefs hin kann man sie dichter werden lassen.
- Die Isobaren sind großzügige, glatte Linien, die nur an den Fronten Knicke haben. Der Knick weist vom Tief weg.
- Isobaren können sich niemals berühren, schneiden oder gabeln.
- Man darf nie eine Isobare auslassen oder zusätzlich Isobaren einschalten, denn aus der Dichte der Isobaren wollen wir auf die zu erwartende Windstärke schließen.
- Isobaren sind geschlossen oder enden am Kartenrand.
- In Windrichtung geschaut, liegt der tiefe Druck immer auf der linken Seite der Isobaren.
- Fronten (Tiefausläufer) beginnen meist in dem vorhergenannten Tief.
- Man muß zwischen zwei gegebenen Luftdruckwerten proportional einschalten:

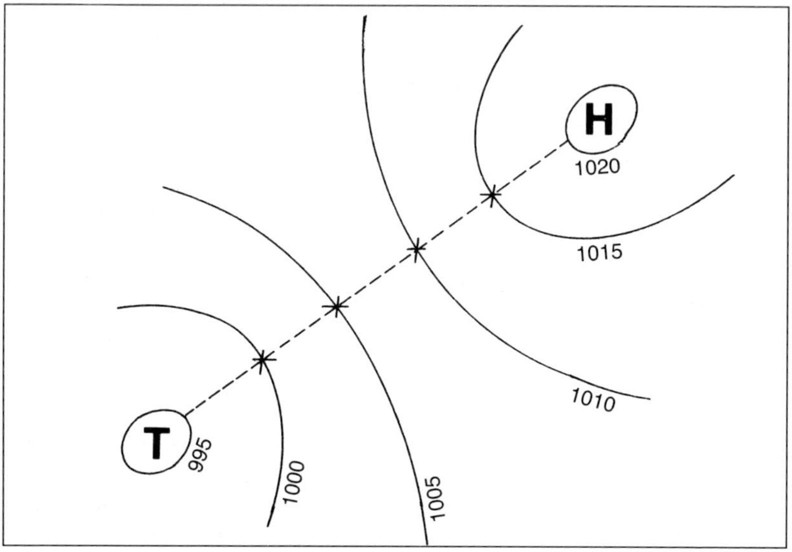

108 *Zeichnen von Zwischen-Isobaren*

Beispiel: Ist ein Hoch mit 1020 hPa und ein Tief mit 995 hPa gegeben, müssen die Isobaren 1015, 1010, 1005, 1000 zwischengezeichnet werden.

Man verbindet H und T, teilt die Strecke in 5 gleiche Teile und legt durch die Teilungspunkte die Isobaren. Die Isobaren unter 1005 werden um das Tief herum, die über 1005 um das Hoch herum gekrümmt (Abbildung 108).

Sehr viel besser können die Isobaren gezeichnet werden, wenn Stations- oder Schiffsmeldungen bekannt sind. Isobaren verlaufen fast parallel zur Windrichtung. In der Abbildung 109 liegt das Tief über der Isobare, und der Wind bildet einen Winkel von etwa 22° mit ihr.

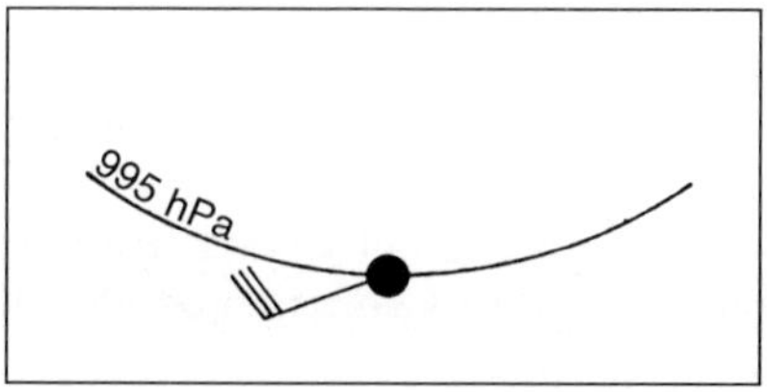

109 *Isobare und Windrichtung*

Beispiel 1
WETTERLAGE:
TIEF 965 HPA, NÖRDLICH DER FÄRÖER, WENIG ENE ZIEHEND;
KALTFRONT, 990 STOCKHOLM, 1015 NIEDERLANDE, OSTSCHWENKEND, DONNERSTAG MITTAGS NORD-RUßLAND UND MITTELDEUTSCHLAND;
TROG 985 PENTLANDS, 1005 MITTELENGLAND, OSTSCHWENKEND, DONNERSTAG MITTAGS SÜDSCHWEDEN;
HOCH 1035, NORDWESTLICH DER AZOREN, OSTSCHWENKEND;
TIEF 995, SÜDLICH NEUFUNDLAND, VERTIEFEND, NORDOSTSCHWENKEND.

Das Zeichnen dieses Wetterberichtes geschieht in drei Stufen. Zuerst werden die obigen Angaben in die Bordwetterkarte Nr. 9 eingetragen, und die Kf wird zur Kaltfront vervollständigt. Damit ein harmonisches Isobarenbild entsteht, markiert man sich Punkte zwischen den Druckangaben auf der Kaltfront und längs der Trogachse.

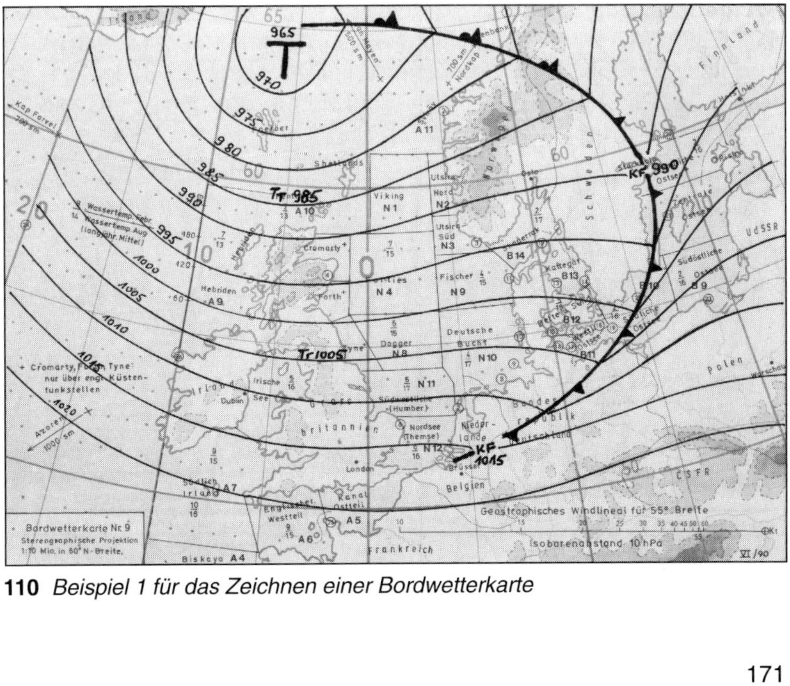

110 *Beispiel 1 für das Zeichnen einer Bordwetterkarte*

Schließlich werden die Isobaren gezeichnet (Abbildung 110).
Die Wettervorhersage für Beispiel 1 läßt sich direkt aus der Karte ablesen. In den nächsten 12 Stunden ist für die östlichen Gebiete der Nordsee mit SW zu rechnen. Geht man mit den Isobarenabständen in das geostrophische Windlineal unten rechts in der Bordwetterkarte 9 (Abbildung 106), so dürfte nach Reduzierung die Windstärke 7 bis 8 sein. In den folgenden 12 Stunden wird der Wind auf West drehen und im Bereich der Trogachse auf 8 Bft zunehmen.
Dies entspricht im wesentlichen auch der amtlichen Wettervorhersage.

Häufig sind die Druckverteilungen über Europa sehr gering, und die Druckzentren liegen außerhalb der Bordwetterkarten Nr. 9 beziehungsweise 11, oder die Gebilde sind kompliziert. Dann lassen sich die Isobaren leichter zeichnen, wenn die gemeldeten Stationen in die Karte eingetragen sind. Anhand der Drücke und Windrichtungen können die Isobaren besser ausgerichtet werden.
Zum Eintragen der Wettermeldungen sei ein stark vereinfachtes Stationsmodell (Abbildung 111) empfohlen. Die Symbole für das gegenwärtige Wetter (ww) sind in den Bordwetterkarten Nr. 9 und Nr. 11 (Abbildung 106,107) vorgedruckt.

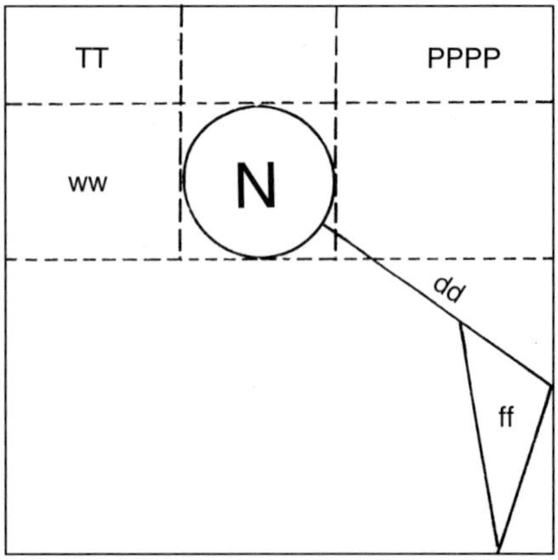

111 *Vereinfachtes Stationsmodell*

Beispiel 2

SEEWETTERBERICHT MITTELMEER VOM 03.05.1991

WETTERLAGE VON 12 UHR UTC
TIEF 999 LIGURISCHES MEER FESTLIEGEND. KALTFRONT 1002 ADRIA, 1008 DICHT OESTLICH SIZILIEN OSTSCHWENKEND. TROG 1012 BALEAREN, 1015 GIBRALTAR LANGSAM ABSCHWAECHEND, FESTLIEGEND. HOCH 1042 WESTLICH IRLANDS ETWAS ABSCHWAECHEND, LANGSAM SUEDVERLAGERND. HOCH 1021 SUEDOESTLICH VON RHODOS WENIG OSTVERLAGERND.

VORHERSAGE BIS MORGEN ABEND
GOLFE DU LION
NORDWEST BIS NORD 8 BIS 9, SCHAUERBOEEN, GUTE SICHT.
BALEAREN
NORDWEST 6, MORGEN 5, SCHAUERBOEEN, SONST GUTE SICHT.
LIGURISCHES MEER
UMLAUFENDE WINDE 3 BIS 5, MITTLERE SICHT.
WESTLICH KORSIKA, SARDINIEN
WESTLICHE WINDE 7 BIS 8, SCHAUERBOEEN, MITTLERE SICHT.
TYRRHENISCHES MEER
WEST BIS SUEDWEST 6 BIS 7, SUEDTEIL MORGEN ETWAS ABNEHMEND, SCHAUER UND GEWITTERBOEEN, MITTLERE SICHT.
ADRIA
OST BIS SUEDOST UM 6, MORGEN SUEDWEST 5, SCHAUER UND GEWITTERBOEEN, MITTLERE SICHT.
IONISCHES MEER

SUEDOST 6, WESTTEIL NORDWESTDREHEND, SCHAUERBOEEN, MITTLERE SICHT.
AEGAEIS
SUEDLICHE WINDE 5, ABNEHMEND 4, MITTLERE SICHT.
BISKAYA
NORDOST UM 6, MITTLERE BIS GUTE SICHT.

STATIONSMELDUNGEN VON HEUTE 15 UHR UTC
BREST NORD 5, 11 GRAD 1026
LA CORUNA NORDNORDOST 5, 13 GRAD 1026
GIBRALTAR WESTSUEDWEST 4, 20 GRAD 1014
PALMA DE MALLORCA WESTSUEDWEST 5, 17 GRAD 1012
MARSEILLE NORD 6, 15 GRAD 1003
GENOVA NORDOST 2, 14 GRAD 999
GROSSETO WESTSUEDWEST 4, 15 GRAD 1000
AJACCIO SUEDSUEDWEST 2, REGEN, 13 GRAD 1003
PONZA SUEDWEST 6, 15 GRAD 1003
CAGLIARI WESTNORDWEST 5, 16 GRAD 1007
MESSINA NORD 2, 18 GRAD 1009
MALTA NORDNORDWEST 4, 22 GRAD 1009
BRINDISI SUEDOST 6, 21 GRAD 1009
ANCONA NORDNORDOST 3, 13 GRAD 1000
VENEZIA NORDNORDOST 6, REGEN, 11 GRAD 999
PULA OST 2, REGEN, 11 GRAD 1001
SPLIT SUEDOST 4, 17 GRAD 1005
ULCINJ SUEDOST 1, 20 GRAD 1009
KITHIRA SUEDOST 2, 18 GRAD 1019
ATHEN SUED 3, 19 GRAD 1019
LIMNOS SUED 3, 17 GRAD 1019
HERAKLION OSTNORDOST 2, 20 GRAD 1018
RHODOS WESTNORDWEST 3, 21 GRAD 1019

SEEWETTERAMT =

Das Beispiel 2 ist in Abbildung 112 zu sehen. Es ist in vier Stufen gezeichnet worden:

- Stationsmeldungen
- Angaben des Wetterberichtes
- Hilfspunkte für Zwischen-Isobaren
- Auszeichnen der Isobaren

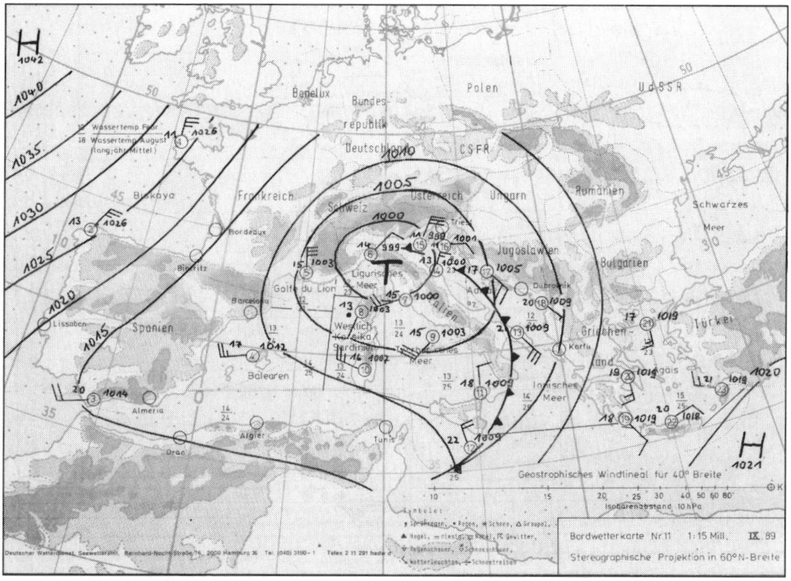

112 *Beispiel 2 für das Zeichnen einer Bordwetterkarte (Wind in Bft)*

Man sieht auf dieser Abbildung sehr schön, wie der Wind an der Front springt und in Marseille der Mistral weht. Der Hafen Cagliari liegt in Lee zur Luftströmung. Trotzdem weht es dort mit 5 Bft, weil ein Flußtal das Gebirge zerschneidet und damit der Düseneffekt wirkt.

Diese Art des Wetterkartenzeichnens wird häufig als sehr schwierig angesehen, und die Ergebnisse werden als unbefriedigend empfunden.

Man sollte sich jedoch nicht entmutigen lassen. Manchmal können die Ursachen für den Mißerfolg auch in den Angaben des Seewetteramtes begründet sein.
Auf das schwierige Isobarenzeichnen könnte man verzichten, indem man nur den Klartext einer *Wetteranalyse* in einen Wetterkartenvordruck einträgt. Dazu sind folgende Symbole hilfreich:

----- = Troglinie
/\/\/\/\/\ = Rücken, Keil

Die so entstandene Wetterkarte ist dann natürlich sehr einfach. Diese Methode eignet sich vor allem dann, wenn die Analysen zusätzliche Details enthalten wie die Verlagerung von Druckgebilden oder Angaben über großräumige Seegangsfelder.
Die zweite Methode, eine Wetterkarte zu übermitteln, besteht darin, die fertige Wetteranalyse in einzelne, verschiedenartige Punkte aufzulösen und diese verschlüsselt auszusenden. Der Empfänger trägt die von ihm entschlüsselten Punkte in einen Wetterkartenvordruck ein und verbindet die Punkte miteinander – ähnlich dem aus der Kindheit bekannten „Malen nach Zahlen".
Benötigt wird bei dieser Methode der internationale Schlüssel zur Übermittlung von Analysen und Vorhersagen (FM 46–IV und FM 45-IV, siehe „Nautischer Funkdienst", Band III). In Deutschland wird diese Art der Analyse jedoch nicht mehr ausgestrahlt.
Eine einfache und schnelle Methode, *Wetterprognosen* aufzunehmen, ist, den gesprochenen Text gleich in einen Kartenvordruck zu übertragen. In Abbildung 113 ist dies für einen schwedischen Wetterbericht geschehen.

Auswertung der Wetterkarte

Uns liegt die fertig gezeichnete oder die über Bordwetterkartenschreiber oder durch die Post bezogene Wetterkarte mit all ihren H, T, Fronten, Isobaren, Wetterangaben vor.
Was kann sie mir sagen?

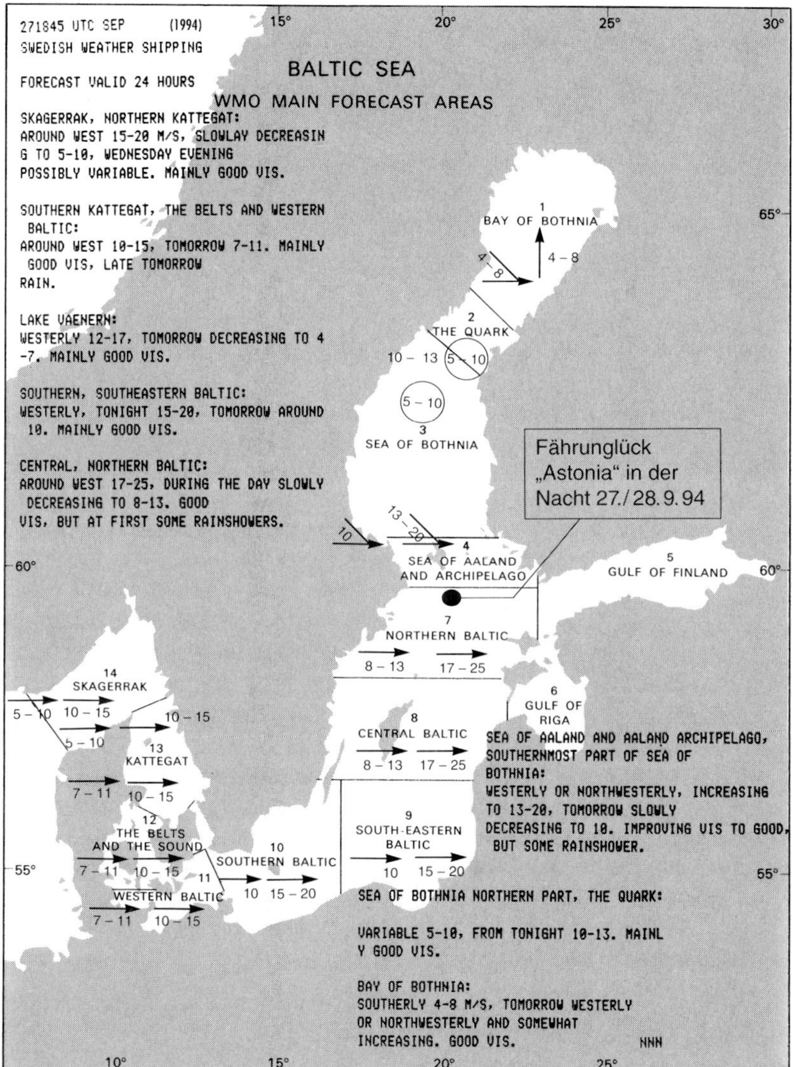

113 *Aufnahme einer Wetterprognose: Die Pfeile stellen die Windrichtung, die Zahlen die Windgeschwindigkeit in m/s dar (zum Vergleich ist der entsprechende Text einkopiert).*

Zunächst: Sie stellt den Wetterzustand dar – das müssen wir immer beachten! –, wie er vor etlichen Stunden *war.* Das Wetter mußte beobachtet, an die Zentrale gemeldet, dort auf Magnetbändern gespeichert und verarbeitet werden. Der Wetterbericht mußte aus vielen Meldungen zusammengestellt und dann ausgestrahlt oder gedruckt und versandt werden.
Die Frage nach dem Wetter, das wir *morgen* haben werden, ist weitgehend gebunden an die Frage, wie sich das beobachtete Störungsgebiet, das Tief mit seinen Fronten verlagern wird. Und zwar müßten wir wissen, in welche Richtung es wandert und mit welcher Geschwindigkeit.
Wer nach jedem Wetterbericht eine Wetterkarte gezeichnet hat, wird aus der Reihe der aufeinanderfolgenden Karten erkennen, in welcher Richtung und wie schnell sich das Tief bisher verlagerte. Da die Verlagerung oft über mehrere Tage gleichartig erfolgt, kann man die Lage beispielsweise in zwölf Stunden (nach dem Termin, für den die Karte galt, nicht für den Termin der Aufnahme des Berichtes!) leicht einzeichnen und danach seine Wettervorhersage machen.
Diese Vorhersage kann man dann an der tatsächlichen Entwicklung überprüfen, indem man die Anzeigen des Barometers und den Wind beobachtet.
Es muß doch nach den von uns erarbeiteten Wettergesetzen auf Nordbreite so sein:

- Zieht das Tief nördlich von uns vorbei, muß der Wind rechts drehen (er ist dann rechtdrehend).
- Zieht das Tief südlich von uns vorbei, muß der Wind links drehen (er ist dann rückdrehend).

Es sei daran erinnert, daß dabei die Eigenbewegung eines schneller fahrenden Schiffes berücksichtigt werden muß.
Wir hatten uns auch mit statistisch gefundenen Zugbahnen befaßt. Man vergleiche also die vermutete Bahn mit diesen mittleren Bahnen. Auch in unserer Zyklonentheorie sind Angaben enthalten, die uns bei der Vorhersage helfen können. Wir hatten festgestellt, daß Kaltfronten schneller

wandern als Warmfronten, daß die Zyklonen über dem Atlantik im Durchschnitt mit 15 bis 20 kn wandern, daß ihre Geschwindigkeit aber mit der Annäherung an unsere Küsten meistens abnimmt, bis die Störungsgebiete unter Umständen sogar stationär werden.
Weitere Regeln, die aus der Beobachtungserfahrung stammen, sind folgende:

- Das Tief wandert meistens in Richtung der Isobaren des warmen Sektors.
- Das Tief wandert in der Regel senkrecht zum Temperaturgefälle, wobei die höhere Temperatur rechts bleibt.
- Das Tief wandert in der Richtung des stärksten Luftdruckfalls.
- Fronten verschieben sich in Richtung des Windes.
- Tiefs werden „gesteuert“ von Hochdruckgebieten. Sie wandern links von dem Hoch, das am kräftigsten ist.
- Tiefs folgen eventuell in Serien, wobei das nächste Tief südlicher greift als das vorangehende.

Wichtige Schlüsse läßt das Beobachten des Druckabfalls beziehungsweise Druckanstiegs zu. Durch Vergleich der letzten Wetterkarten erkennt man leicht die Gebiete, in denen der Luftdruck fällt oder steigt (mit + beziehungsweise – einzeichnen!). Es gelten dann die Regeln:

- Ein Tief bewegt sich immer dahin, wo der Luftdruck am stärksten fällt.
- Ein Hoch bewegt sich immer dahin, wo der Luftdruck am stärksten steigt.
- Fällt der Luftdruck vor dem Tief stärker, als er hinter dem Tief steigt, wird sich das Tief vertiefen.
- Fällt umgekehrt der Luftdruck vor dem Tief nicht so stark, als er hinter dem Tief ansteigt, wird sich das Tief auffüllen.

Weitere Regeln sind:

- Je größer der Winkel zwischen Warm- und Kaltfront noch ist, das heißt, je größer der Warmsektor der Zyklone noch ist, desto mehr kann man erwarten, daß sie sich noch vertieft.
- Das Tief verschiebt sich oft in der Richtung, in der das Niederschlagsgebiet vor der Warmfront am weitesten vorgeschoben ist.

Für Teiltiefs, die eine Zyklone begleiten, gelten folgende Regeln:

- Teiltiefs bewegen sich in Richtung des Haupttiefs, oft aber umkreisen sie dieses auch im zyklonalen Sinn.
- Tiefdruckausläufer liegen nach 24 Stunden etwa an der Stelle des vorangehenden Hochdruckkeils, dieser entsprechend an der Stelle des vorausgehenden Tiefdruckausläufers.

Viele dieser etwas vagen Aussagen erübrigen sich freilich, wenn eine aktuelle Wettervorhersage vorliegt.

Seegang beachten

Wer seinen nächsten Seetörn plant und dazu das Wetter überdenkt, versucht automatisch, sich eine Vorstellung vom Seegang zu machen. Dabei ist zum einen die mutmaßliche Windstärke in Beaufort hilfreich, da zu jedem Grad ein bestimmtes Aussehen der See gehört (siehe Tabelle Seite 23). Zum anderen läßt sich mit Hilfe der Seegangsskala jeder Windstärke ein Wellenhöhenbereich zuordnen. Dies ist im Abschnitt „Seegang" erläutert worden (Seite 31).
Seegangsangaben beziehen sich im allgemeinen auf eine voll ausgereifte See. Nun weiß aber jeder, daß ein Sturm, der quer über einen Fluß fegt, eine andere Wellenhöhe erzeugt als der auf offener See. Das heißt, die Seegangshöhe ist abhängig von der vom Wind bearbeiteten Strecke: dem *Wirkweg* oder auch *Fetch.* Ebenso verhält es sich mit der Zeit. Ein kurzzeitig auftretender Sturm ruft kleinere Wellenhöhen hervor als einer, der einen Tag lang weht – der eine längere *Wirkdauer* hat. Da die Windgeschwindigkeit längs eines Wirkweges nicht einheitlich ist, wird eine mittlere genommen und *Wirkstärke* genannt.
Die kennzeichnende Wellenhöhe ist also von folgenden Faktoren abhängig:

- der Wirkstärke
- der Wirkdauer
- dem Wirkweg (Fetch)

Dieser Zusammenhang ist in Abbildung 114 dargestellt. Wir finden dort die kennzeichnenden Wellenhöhen H 1/3. Erhöht man diese Werte um

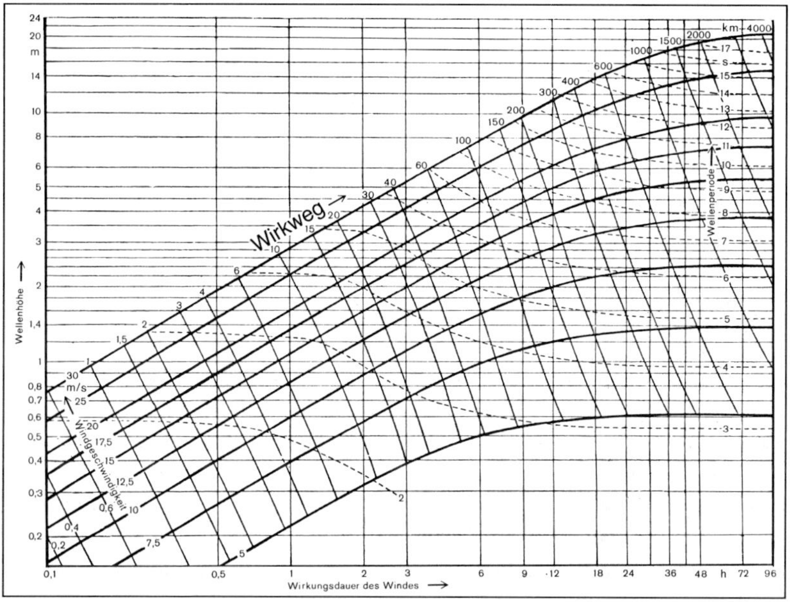

114 *Abhängigkeit der Wellenhöhe und der Wellenperiode von der Wirkungsdauer des Windes, je nach Windstärke und Wirkweg*

30 %, so ist dies etwas mehr als die mittlere Wellenhöhe H 1/10 aus 10 % der höchsten Wellen.

Auch wenn das bisher etwas kompliziert erscheint, so zeigt nachfolgendes Beispiel, wie nützlich diese Betrachtungen sind.

Eine Yacht soll in der Weihnachtszeit in die Karibik überführt werden. Völlig zerschlagen, erreicht die Crew die Azoren. Nehmen wir an, die Windstärke sei 7 Bft ≈ 30 kn ≈ 15 m/s. Die Wirkdauer beträgt 48 Stunden und der Wirkweg 1300 km bei Nordwestwind. Nach Abbildung 113 beträgt die kennzeichnende Wellenhöhe 5,50 m. Die mittlere Höhe aus 10 % der höchsten Wellen ist H (1/10) = 5,50 m · 1,3 ≈ 7 m. Ein paar höhere sind noch dazwischen.

Nehmen wir die gleichen Bedingungen wie vorher an, nur soll die Yacht

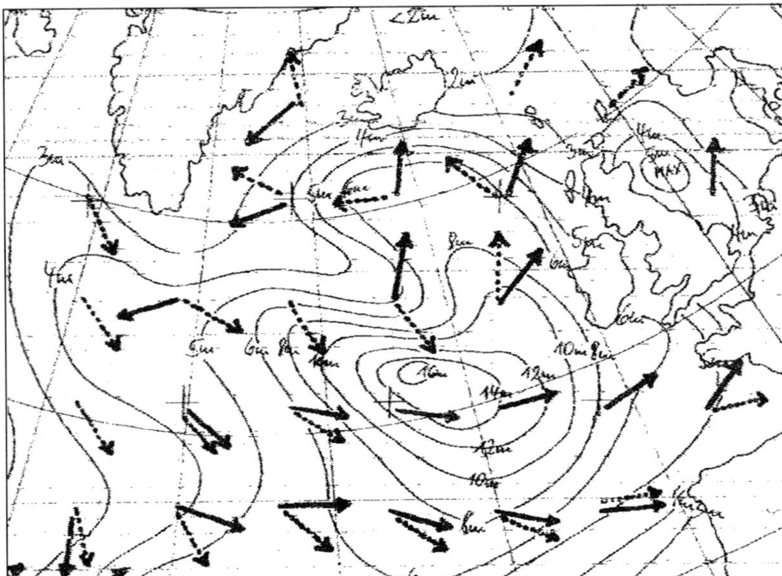

115 *Wellenvorhersage, gültig für den 19. Oktober 1989: volle Pfeile = Windsee, gestrichelte Pfeile = Dünung*

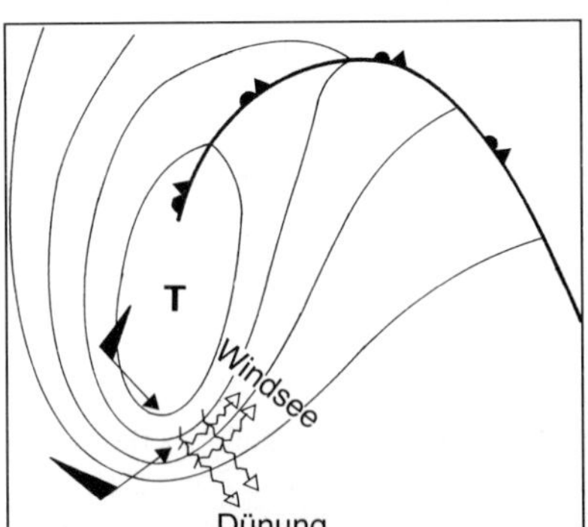

116 *Kreuzsee am Trog*

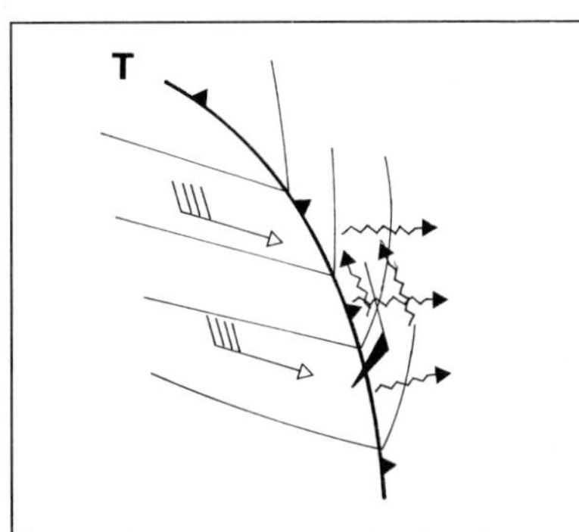

117 *Kreuzsee an einer Kaltfront*

5 sm von der Küste entfernt sein und ablandigen Wind haben. Dann ergibt sich bei 5 sm als kennzeichnende Wellenhöhe 1,00 m. Dazu benötigt der Wind weniger als 1,5 Stunden. Über diese Zeit hinaus erhöhen sich die Wellen nicht mehr. Wer also an der Leeseite einer Küste fährt, erwartet vielleicht H (1/10) = 1,00 m · 1,3 = 1,30 m hohe Wellen. Kommt er anschließend in ein Gebiet mit genügend großem Wirkweg, haut es ihn im wahrsten Sinne des Wortes um.
Ein Beispiel für den sturmgepeitschten Nordatlantik, den man nie unterschätzen sollte, zeigt Abbildung 115. Abbildung 89 veranschaulicht eine Wetterlage aus dieser Zeit.
Beim Betrachten einer Wetterkarte ist stets auf Gebiete zu achten, in die außer einer dort vorhandenen Windsee auch Dünung aus anderen Windfeldern hineinlaufen kann. Die dabei entstehende Kreuzsee ist aus den Abbildungen 116 und 117 ersichtlich.

Wettervorhersage nach eigenen Beobachtungen

Wer Wind, Wetter und Wolken, Luftdruck, Temperaturen und Feuchte selbst sorgfältig beobachtet, wird auch ohne Zeichnen und Aufnehmen von Wetterberichten und Wetterkarten wertvolle Voraussagen über die Entwicklung des Wetters machen können, besonders wenn er sich lange darum bemüht hat, Erfahrungen in dieser Richtung zu sammeln.
Im folgenden sind eine Reihe derartiger Regeln zusammengestellt. Ihre Begründung findet man in vielen Fällen in den Ergebnissen der mehr theoretischen Abschnitte. Die Regeln gelten für unsere Breiten.

Das Barometer als Wetterprophet

Barometer und Barograph sind die zuverlässigsten Helfer für unsere Aufgaben.

- Bleibt der Luftdruck gleich, bleibt das Wetter beständig. Jede stärkere Änderung des Luftdrucks kündet eine Änderung der Wetterlage an.

– Steigt der Luftdruck langsam, aber stetig, so naht ein Hochdruckgebiet und damit eine Periode schönen Wetters.
– Fällt der Luftdruck langsam, aber stetig, so naht ein Tiefdruckgebiet und damit schlechtes Wetter.
– Je schneller der Luftdruck fällt, desto schneller wird sich das Wetter verschlechtern.
– Fällt der Luftdruck um mehr als 1 hPa in der Stunde, gibt es Sturm.

Natürlich wird man dies noch besser beurteilen können, wenn man die genauere Art der Änderung des Luftdrucks an einer Barographenkurve studieren kann.
Ist die Kurve voll, das heißt nach oben gekrümmt, wird also das Fallen des Luftdrucks mit der Zeit stärker, rechne man mit Sturm. Ist sie nach unten gekrümmt, wird das stündliche Fallen des Luftdrucks kleiner, so bleibt man offenbar am Rande des Tiefs und hat erträgliches Wetter.
Man muß allerdings bei schneller fahrenden Booten (Motoryachten) bedenken, daß der Grad des Fallens oder Steigens des Luftdrucks, wie ihn das Barogramm darstellt, eventuell verfälscht wird durch Kurs und Fahrt des Schiffes! Fährt ein Boot beispielsweise in ein Tief hinein, so wird ein zu schnelles Fallen des Luftdrucks beobachtet werden.

Achte auf die Lufttemperaturen!

Nicht umsonst haben wir festgestellt, wie sorgfältig man vorgehen muß, um genaue Temperaturwerte zu erhalten.
Man beobachte, wie die Lufttemperatur sich im Laufe des Tages ändert. Verläuft sie regelmäßig, das heißt, steigt sie vom Minimum kurz vor Sonnenaufgang bis zum Maximum nach Mittag, bedeutet das gutes Wetter. Sinkt die Temperatur stark ab, bedeutet das im Sommer schlechtes, im Winter gutes Wetter.
Steigt die Temperatur stark an, so bedeutet das im Sommer gutes, im Winter schlechtes Wetter.

Was sagt der Wind?

- Bei schönem, beständigem Wetter wird der Wind von Morgen bis Mittag zunehmen, gegen Abend abflauen.
- Nimmt der Wind gegen Abend zu, sind viel Wind und Niederschlag zu erwarten.
- Treten an der Küste regelmäßig Land- und Seewinde auf, bedeutet das gutes Wetter. Jede Störung ist verdächtig, deutet auf Wetteränderung.
- Auch wenn der Wind, der lange aus derselben Richtung wehte, zu drehen beginnt, müssen wir mit Schlechtwetter rechnen.

Vieles verraten die Wolken und ihr Zug

Die Wolken zeigen uns die Luftströmungen an, die wir bekanntlich kennen müssen, um die Weiterentwicklung des Wetters vorhersagen zu können.

Es gelten da folgende Regeln:

- Jede Abweichung vom täglichen Gang der Bewölkung, die am Nachmittag am stärksten ist und gegen Abend abnimmt, muß uns verdächtig sein.

  Also: Zunehmen der Bewölkung am Abend, Abnehmen der Haufenwolken am Tage sind verdächtig.
- Nimmt die Bewölkung im ganzen gesehen ab, kommen wir unter den Einfluß eines Hochdruckgebietes.
- Nimmt die Bewölkung im ganzen gesehen zu, so kommen wir unter den Einfluß eines Tiefdruckgebietes.

Wenn wir auch die Form und Höhe der Wolken beobachten, gelten folgende Regeln:

- Vereinzelte, flache und niedrige Haufenwolken am blauen Himmel, die gegen Abend verschwinden, treten bei schönem, beständigem Wetter auf. Eine Stratocumulusdecke deutet auf ruhiges Wetter.
- Beobachtet man Wolken in mehreren Schichten und Höhen, so wird das Wetter veränderlich bleiben, wahrscheinlich sich verschlechtern.

- Ungeordnete Cirruswolken haben keine Bedeutung für das Wetter.
- Wenn aber aus Westen schnell zunehmende hohe (Cirrus-)Wolken aufziehen, besonders wenn sie die Form von Windwolken (Schlittenkufen) haben, kündet sich das Nahen einer Zyklone an (siehe Seite 106). Je schneller sie aufziehen, desto eher geht's los mit dem schlechten Wetter. Verdichten sich die Wolken dann zu grauen Schichten (Altostratus), durch die man die Sonne nur noch als Aufhellung erkennt, nähert sich die Warmfront, Regen ist zu erwarten.
- Treten mittelhohe Wolken nur in einzelnen, lockeren Bänken als Schäfchenwolken auf, bedeutet das gutes Wetter.
- Stark aufquellende Wolkentürme künden Böen und Gewitter an. Bilden sich um die Türme „Kappen“ aus Cirrostratus, so ist das ein sicheres Anzeichen für Gewitter.

Auch die Feuchte der Luft ist entscheidend

- Tritt nach heißen Tagen starker Tau ein, bedeutet das Schönwetter.
- Tritt kein Tau ein, ist Regen in Sicht.
- Werden Morgen-Nebel durch die steigende Sonne aufgelöst, wird das Wetter gut.
- Weicht der Nebel nicht, ist regnerisches Wetter zu erwarten.
- Dunst kann ein erstes Anzeichen der Verschlechterung des Wetters sein.

Andere Erscheinungen, auf die wir achten

- Starkes Abendrot bedeutet Gutwetter, starkes Morgenrot schlechtes Wetter.
- „Wasserziehen“ der Sonne, Ringe und Höfe um Sonne und Mond, starkes Flimmern und Funkeln der Sterne, Halos bedeuten schlechtes Wetter.

Das Restrisiko

Will man die wetterbedingten Risiken abschätzen, so stellt sich die Frage nach der Güte der Wettervorhersage. Geht man davon aus, daß die 24stündige Vorhersage zwischen 85 % und 90 % genau sei, was bedeutet das dann für die Sportschiffahrt?

Die prozentuale Güte ergibt sich aus gemittelten Werten vieler Wetterelemente. Eine einzige Größe, wie z. B. der uns stark interessierende Wind, spielt nicht die entscheidende Rolle. Das berührt den Komplex der nächsten Überlegungen nicht.

Kurzfristige, plötzlich auftretende oder sich schnell entwicklende Wettererscheinungen werden von der Vorhersage nie berücksichtigt werden können. Einen Grenzfall stellt das Sturmtief in der Nacht vom 27. auf den 28. August 1989 in der Ostsee dar, das schwer die Marina Wendtorf heimsuchte. So harmlos, wie die Wetterkarte vom darauffolgenden Morgen 07.00 Uhr aussieht (Abbildung 87), sehen alle Wetterkarten der vorherigen Haupttermine aus. Die plötzliche Vertiefung mit Orkanböen zwischen den Terminen wurde nicht erkannt. Hier setzt ein Restrisiko ein, wie es unvermittelt auch bei einer Böenlinie auftreten kann.

Das gleiche gilt für den Seegang. Auch Eis hat seine Tücken. Es sind schon Eisberge bei den Azoren gesichtet worden.

Diese Art der überraschenden Wettererscheinungen wird es als Restrisiko immer geben. Damit verbundene Schäden können, brauchen aber nicht aufzutreten.

Die **YACHT-BÜCHEREI** ist die preiswerte Bibliothek für eingehendes Fachwissen auf vielerlei Spezialgebieten. Diese Bände sind lieferbar:

1 **Das kleine Sternenbuch**
von W. Stein

8 **Wetterkunde**
von W. Stein/H. Schultz

9 **Knoten, Spleißen, Takeln**
von E. Sondheim

27 **Medizin an Bord**
von Dr. K. Bandtlow

28 **Kleines Signalbuch**
von E. O. Braasch

29 **Allgemeines Sprechfunkzeugnis**
von H. Overschmidt/C. Johann

32 **Bootspflege selbst gemacht**
von J. Schult

33 **Bootsreparaturen selbst gemacht**
von J. Schult

39 **So arbeitet das Segel**
von J. Schult

40 **Segeltechnik leicht gemacht**
von J. Schult

41 **Richtig ankern**
von J. Schult

50 **Spinnakersegeln**
von B. Aarre

52 **Kleine Boote selbst gebaut**
von H. Donat

54 **Die Wettsegelbestimmungen 1993–1996** von E. Twiname

55 **Bootsmotoren – Diesel u. Benzin**
von H. Donat

57 **Seeschiffahrtsstraßen-Ordnung**
von A. Bark

59 **Segler-Lexikon** (Doppelband)
von J. Schult

60 **Hafenmanöver**
von B. Schenk

62 **Radar auf Yachten**
von Hans G. Strepp

66 **UKW-Sprechfunkzeugnis**
von G. Hommer

67 **Kompaß-ABC**
von A. Heine

68 **Wie baue ich meine Yacht?**
von K. Reinke

70 **Chartern ohne Risiko**
von J. Herrmann/U. v. Hintzenstern

72 **Notfälle an Bord – was tun?**
von J. Schult (Doppelband)

74 **Psychologie an Bord**
von M. Stadler

79 **Yachtelektronik** von J. F. Muhs

81 **Schiffe aus zweiter Hand**
von H. Donat

84 **Yachtelektrik** von J. F. Muhs

86 **Das optimal getrimmte Rigg**
von P. Schweer

88 **Astronomische Navigation**
von W. Stein/W. Kumm

91 **Navigation leicht gemacht**
von W. Stein/ W. Kumm

92 **Kollisionsverhütungsregeln**
von A. Bark

93 **Wolken und Wetter**
von D. Karnetzki

95 **Wie beurteile ich eine Yacht**
von J. F. Muhs

96 **Festkommen und abbringen, stranden und bergen**
von J. Schult

97 **Luftdruck und Wetter**
von D. Karnetzki

98 **Osmose-Behandlung**
von T. Staton-Bevan

99 **Wetterkarten mit PC-Software**
von D. Karnetzki

100 **Sturm – was tun?**
von D. von Haeften

101 **Gezeitenkunde**
von W. Kumm

102 **GPS Global Positioning System**
von W. Kumm

103 **Segler-Wörterbuch**
von J. Schult

104 **Außenbordmotoren**
von K. Henderson

105 **Wetterregeln für Segler**
von D. Karnetzki

106 **Mittelmeerwetter**
von L. Kaufeld/K. Dittmer/R. Doberitz

107 **Kollisionsverhütungsregeln/ Seeschiffahrtsstraßen-Ordnung**

108 **Angeln von Bord**
von C. W. Schmidt-Luchs

109 **Yacht-Wörterbuch**
von J. Schult

Die Bibliothek wird laufend erweitert. Fragen Sie bitte Ihren Buchhändler, und beachten Sie unsere Ankündigungen.

Delius Klasing Verlag